Pflegeleichte Gärten gestalten

Unser Verlagsprogramm finden Sie unter
www.christian-verlag.de

Produktmanagement: Sabine Scheurer
Textredaktion: Cynthia Erhardt, Alexandra Michelis
Korrektur: Dr. Michael Schenkel
Layoutkonzeption und Umschlaggestaltung: griesbeckdesign, München
Satz: Elke Mader, München
Herstellung: Bettina Schippel
Lithografie: Repro Ludwig

Druck und Bindung: Printer Trento
Printed in Italy

Die Deutsche Nationalbibliothek verzeichnet diese Publikation in der Deutschen Nationalbibliografie; detaillierte bibliografische Daten sind im Internet über http://dnb.d-nb.de abrufbar.

1. Auflage 2011

ISBN 978-3-86244-035-0

Christian Verlag
Postfach 400209
80702 München
E-Mail: lektorat@christian-verlag.de

Judith Supper

Pflegeleichte Gärten gestalten

Ideen, Tipps und Pflanzlisten

CHRISTIAN

Inhalt

Vorwort

Ein kleines Haus, drumherum ein Stückchen Land, wo die Blumen blühen und wo so richtig gefaulenzt werden kann – ist das nicht der Wunschtraum der meisten? Allzu häufig scheitert er aber an der Wirklichkeit. Da blühen keine Blumen, weil die jungen Setzlinge von Schnecken abgefressen wurden, und von Faulenzen kann vor lauter Unkrautjäten, Rasenmähen und Heckenschneiden ohnehin nicht die Rede sein. Angesichts des mannshohen Wildwuchses vor dem Wohnzimmerfenster stellen die meisten schnell fest: So hatten wir uns das mit dem Gartenglück nicht vorgestellt.

Man kann es drehen und wenden, wie man will, aber Tatsache ist: Ein Garten macht Arbeit. Gärten als Mikrokosmos der Natur sind dem ständigen Kreislauf von Entstehen und Vergehen unterworfen. Für viele Gärtner heißt das: Etwas wächst, wo es nicht wachsen soll, und also macht es Ärger. Wie aber vorgehen, um mit möglichst wenig Aufwand den größtmöglichen Effekt zu erzielen? Und Effekt, das heißt auf Gärtnerdeutsch: schöner Anblick, viel Freizeit und noch mehr Spaß.

In diesem Buch werden Ideen, Überlegungen, Tricks und Kniffe präsentiert, die das Gartenleben so einfach wie nur möglich machen sollen. Sicherlich finden Gartenneulinge wie Routiniers die eine oder andere Inspiration, die den zeitlichen Aufwand zur Pflege der vier grünen Wände auf ein erträgliches Maß begrenzt. Doch eines darf nicht vergessen werden: Selbst der maximal pflegeleicht gestaltete Garten wird Arbeit machen. Von der Vorstellung, ein Garten wäre ausschließlich für süßes Nichtstun da, werden Sie sich leider verabschieden müssen.

Den Schlüssel zu wahrer Freude und Entspannung im Garten halten Sie übrigens selbst in der Hand. Denn haben Sie sich erst einmal eine »gelassene« Geisteshaltung erworben, die den Garten nicht nur als Anhängsel des ordentlichen Wohnzimmers betrachtet, sondern als einen Lebensbereich, in dem eigene, spezielle und nur für ihn gültige Regeln gelten, können Sie den Garten schon bald als das genießen, was er ist: ein Stück Natur in all ihrer Vielfalt.

Geplant mit Weitblick

Eine vorausschauende Planung hilft Ihnen dabei, den zukünftigen Arbeitsaufwand im Garten zu minimieren.

Effiziente Planung

Erste Überlegungen

Bild oben: Ringelblumen sind unkomplizierte Pflanzen, die sich an entsprechendem Standort selbst aussäen.

Wie also den Garten gestalten, damit seine Pflege so leicht wie nur möglich vonstattengeht? Diese Frage stellen sich nicht nur Gartenneulinge, sondern auch jene, die bereits praktische Gartenvorkenntnisse haben, ihren Garten aber aufgrund veränderter Lebensumstände als Belastung sehen – oder gar als körperliche Strapaze. Im Idealfall ist schon die Planung einer Gartenanlage dahin gehend ausgerichtet, zukünftige Arbeiten auf ein Mindestmaß zu beschränken. Wissenswerte Aspekte einer zeitsparenden Begrünung und Pflege sind dann auch für diejenigen interessant, deren Garten bereits vor der Haustüre wartet – und wuchert.

Bekanntlich verlieren viele Probleme ihren Schrecken, wenn sie pragmatisch angegangen werden. Daher sollten Sie sich schon zu Beginn ihrer »Gartenkarriere« zu den folgenden Punkten Gedanken machen:

- Pflegeleicht – was heißt das für mich ganz individuell?
- Gibt es Arbeiten, die mir besonders liegen, und welche, die ich gar nicht mag?
- Wie viel Zeit bin ich im Idealfall bereit, in die Gartenarbeit zu investieren?
- Und vor allem: Was kann ich mir zeitlich und finanziell überhaupt leisten?

Um den Garten in einen Zustand zu bringen, der dem eigenen ästhetischen Ideal entspricht, sollten Sie wissen, wie viel Zeit pro Tag, Woche oder Monat zur Pflege überhaupt zur Verfügung steht. Natürlich sind die einzelnen Arbeiten jahreszeitenabhängig. Ganz klar auf der Seite

Bild oben: Der immergrüne Bambus ist als Sichtschutz zu jeder Jahreszeit blickdicht und garantiert schattige, verschwiegene Gartenecken.

Bild rechts: Nach dem Setzen dieser Naturhecke wurde mit Grasschnitt gemulcht. So wächst die Wiese nicht in die Pflanzung hinein, und Unkräuter haben es schwerer, Fuß zu fassen.

»geringer Pflegeaufwand« stehen die kalten Wintermonate, in denen nur Baum- oder Strauchschnitt-Aktionen auf der To-do-Liste stehen. Im Frühling und Sommer hingegen herrscht bei der Gartenarbeit Hochkonjunktur. Jetzt heißt es: Rasen mähen, Hecken stutzen, düngen, jäten, Verblühtes abschneiden – in manchen Gärten liegt die Schere niemals still. Das alles kostet Zeit. Schon während der Planung sollten Sie sich also des eigenen Zeitkontingents sicher sein – oder wissen, ob es gegebenenfalls ein finanzielles »Notfallbudget« gibt, sodass Unterstützung vom Fachmann geholt werden kann.

Geringer Pflegeaufwand	Hoher Pflegeaufwand
Frei wachsende Naturhecke (Schnitt alle zwei bis fünf Jahre)	Formhecke (Schnitt zweimal im Jahr)
Wildstaudenbeete (jäten ein- bis zweimal im Jahr)	Gemüsegarten (bepflanzen, düngen, jäten, gießen, ernten ein- bis dreimal die Woche)
Naturteich (Herbstlaub und Algen zweimal im Jahr herausnehmen)	Kleiner Teich, Sprudelbecken (säubern einmal die Woche)
Kiesbeete (Unkraut jäten ein- bis zweimal im Jahr)	Topfgarten (täglich wässern bei sonnigem Wetter)
Naturwiese (Schnitt zweimal im Jahr)	Englischer Rasen (wöchentliches Mähen Mai bis Oktober, zweimal im Jahr düngen, vertikutieren)

Tabelle oben: Schematische Übersicht der gängigen Gartenarbeiten inklusive des zu erwartenden Zeitaufwands

Bild unten: Bei ausreichender Größe, guter Standortwahl und richtiger Bepflanzung machen Gartenteiche kaum Arbeit, dafür umso mehr Freude.

Planungsaspekte

Eine methodische Gartenplanung umfasst weit mehr als rein praktische Überlegungen. Wie genau stellen Sie sich Ihr »Wohnzimmer im Grünen« vor? Welcher Gartenstil gefällt Ihnen, welche Gartentypen sagen Ihnen gar nicht zu? Nehmen Sie sich bei der Planung viel Zeit. Ent-

werfen Sie Skizzen. Fragen Sie Ihren Partner oder Ihre Partnerin, Ihre Kinder, Ihre Freunde. Fertigen Sie Wunschlisten an, aber werfen Sie sie weg, sobald die natürlichen Gegebenheiten mit den Träumen absolut nicht mehr in Einklang gebracht werden können. Versuchen Sie, Funktion und Ästhetik in Balance zu halten. Ein pflegeleichter Garten ist keine Betonwüste, die nur einmal die Woche gefegt werden muss, um repräsentativ zu sein. Er kombiniert maximale Schönheit mit minimalem Aufwand.
Bevor der erste Spatenstich fällt, sollten Sie sich Gedanken darüber gemacht haben, welche Gartentypen – z. B. Kräuter- oder Wassergarten – Sie als »Gartenräume« nebeneinander verwirklichen wollen. Außerdem sollte dann auch klar sein, welche im Garten vorhandenen Stauden und Gehölze Sie erhalten möchten, auf welche verzichtet werden kann und welche neu gepflanzt werden müssen.
Doch vergessen Sie niemals: Egal wie sorgfältig Sie Ihren Garten im Voraus planen, an Kenntnissen und Know-how werden Sie es nur bedingt mit einem professionellen Landschaftsarchitekten aufnehmen können. Überlegen Sie genau, wie viel Geld vorab in Planung und Ausführung investiert werden kann, um den zukünftigen Garten so fachmännisch und pflegeleicht wie nur möglich zu gestalten. Je genauer die eigenen Vorstellungen des zukünftigen Gartens sind, desto größer ist auch das Einsparpotenzial beim Landschaftsarchitekten. Zusätzliche Planungskosten werden gespart, wenn ein maßstabsgetreuer Plan des Grundstücks vorhanden ist.
Es kommt nicht von ungefähr, dass Ungeduld und Unkenntnis auch im Garten eine unglückliche Mischung sind. Konkret heißt das: Gehen Sie die Neuanlage oder die Umgestaltung des Gartens nicht übereilt an. Lassen Sie das Grundstück nach Möglichkeit zu jeder Jahreszeit auf sich wirken, denn im Laufe der Monate zeigt ein Garten ein immer wieder anderes Gesicht, das auch immer wieder neue Anforderungen mit sich bringt.

Bild oben: Solide, witterungsbeständige Baustoffe wie dieser österreichische Alpenkalk sehen nicht nur gut aus, sie halten auch ewig.

Formal oder frei?

Soll Ihr Garten wirklich pflegeleicht werden, lohnt es sich, bei der Planung ganz aristotelisch vorzugehen und zu versuchen, die Mitte zwischen zwei Extremen zu finden. Eine allzu ambitionierte Planung kann rasch zu einem Übermaß führen: zu einem Garten, in dem von frühmorgens bis spät in die Nacht gehackt, gejätet, geschnitten und gewerkelt werden muss. Bei sehr einfallslosen Planungen glaubt man sich angesichts der drei Pflänzchen, die hier ein klägliches Dasein fristen, in die mongolische Steppe

versetzt. Ähnliche Prinzipien gelten für das Bepflanzen der Beete. Herrscht ein Mangel an Pflanzen, hat das Unkraut kaum Platzkonkurrenten und macht sich hemmungslos breit. Bei zu vielen Pflanzen auf zu wenig Raum tragen eigentlich nur die Baumschulen ihren Profit davon, da sie viel verkaufen können und das Beet in kürzester Zeit optisch ansprechend ist – die Pflanzen aber binnen Jahresfrist miteinander um Platz konkurrieren. Seien Sie bei der Planung also nicht allzu ehrgeizig, doch gestalten Sie den Garten jederzeit so, dass er Ausdruck Ihrer individuellen Persönlichkeit ist.
Selbst die Frage der Stilrichtung lässt sich philosophisch angehen. Hier gibt es zwei große Schulen: die formale und die freie Gestaltung. Erstere zeichnet sich durch eine geometrische Aufteilung von Flächen, symmetrisch angelegte Wegachsen, betonte Wegkreuzungen, eingefasste Beete und in Form geschnittene Gehölze aus. Dieser eher strengen Herangehensweise gegenübergestellt ist die freie Gestaltung. Hier sind Flächen und Wege organisch geschwungen, Pflanzflächen dürfen natürlich wirken und Hecken frei wachsen.
Natürlich gibt es innerhalb dieser zwei Grundtypen Zwischenstufen, Gärten also, die Teile beider Stile vermischen. Zwar sind es gerade die minimalistisch-formalen Gärten moderner Machart, die ihren Reiz durch ihr durchkomponiertes, »ordentliches« Aussehen erhalten und daher als besonders pflegeintensiv gelten. Andererseits wäre es naiv, den natürlich wirkenden, frei gestalteten Garten automatisch mit »pflegeleicht« gleichzusetzen. Spätestens wenn es an den Schnitt der Wildgehölzhecke geht, merkt der Laie schnell: Hier ist ja richtiges Vorwissen vonnöten! Dieses muss angeeignet werden, was einen – zeitaufwendigen – Lernprozess voraussetzt.

Bild oben: Bei formal gestalteten Arealen wie diesem Buchsbaumgarten ist die schöne Optik bedingt durch einen hohen Pflegeaufwand.

Sollen die Gärten pflegeleicht angelegt werden, gilt für beide Typen:

- Vermeiden Sie Flickenteppiche. Anstelle von vielen kleinen Beeten hintereinander lieber eine einzelne großformatige Rabatte anlegen. Auch im Vorgarten sollten gepflasterte Flächen zusammengefasst und nicht noch zusätzlich in kleine Beete zerteilt werden. Extrem kleine Vorgärten können komplett gepflastert werden. Für die Pflanzen dann Aussparungen im Pflasterbereich lassen oder Kübel aufstellen.
- Je größer das Gartenhäuschen, desto übersichtlicher ist es – und desto schneller lassen sich Geräte hineinstellen oder herausnehmen, ohne dass sofort ein heilloses Durcheinander herrscht.
- Achten Sie beim Verlegen der Strom- und Wasserleitungen darauf, auch entfernter liegende Areale mit einzuplanen. Dies erleichtert die Arbeit, wenn eine automatische Bewässerungsanlage, Lichtanschlüsse oder eine Ladestation für einen automatischen Rasenmäher eingebaut werden – oder Sie sich zumindest diese Option offenhalten wollen.

Bild oben: Wuchsformen, Laubfarben und natürliche Übergänge sind in diesem frei gestalteten Garten perfekt aufeinander abgestimmt.

Flächen und Raum

Die Raumbildung im Garten erfolgt in der Regel unter der Prämisse, dass der Garten als Freiraum vielfältig genutzt werden kann, gleichzeitig aber auch ein Ort der Geborgenheit ist. Landschaftsarchitekten sehen diese Räume wie eine Theaterbühne, die sich vor dem Betrachter aufbaut. Verbindende Glieder zwischen diesen Räumen sind die Wege, die je nach Gestaltungsstil zum gemütlichen Schlendern oder zum schnellen Vorübergehen einladen.

Allerdings wird ein kunstvoll geschwungener Weg in Richtung Kompost kaum im Sinne des zeitgeplagten Gärtners sein. Beim Entsorgen einer Schubkarre mit Schnittgut will man schließlich rasch vorankommen und nicht alle zwei Meter zum Innehalten genötigt werden, nur weil sich ständig die Wegrichtung ändert.

Ebenso sollten Gartenbereiche, die häufig genutzt werden oder viel Aufmerksamkeit benötigen, nahe am Haus liegen. Wer möchte schon immerzu in den hintersten Gartenwinkel marschieren, um den Schnittlauch für den Salat zu schneiden oder um zu prüfen, ob die Kinder (verbotenerweise) auf Nachbars Kirschbaum herumturnen?

Zwar ist es ein Indiz für eine gelungene Gartengestaltung, wenn verschiedene Gartenräume konzipiert werden, die spezielle Stimmungen ausstrahlen oder variablen Nutzen bergen, doch zu viele Details münden in zu viel Arbeit. Außerdem droht die Gefahr, dass der Garten unruhig und überladen wirkt. Verzetteln Sie sich also nicht mit zu vielen kleinflächigen Gartenzimmern. Sind auf der Wunschliste zu viele Konzepte vertreten, entscheiden Sie sich für das, das allen Familienmitgliedern nützt. Zwischen dem Kräutergarten und der Sitzecke würde die Wahl somit auf die Sitzecke fallen. Kräuter lassen sich auch in Töpfen auf der Terrasse ziehen. Bereiche, die das Potenzial für viel Unordnung bergen, können kombiniert werden.

Bild ganz oben: Vom Frühling bis zum Herbst herrscht bei der Gartenarbeit Hochkonjunktur.

Bild oben: Mit etwas Kreativität wird selbst aus einem unansehnlichen Stauraum ein kleines Schmuckstück.

Kompost und Pflanztische daher in räumlicher Nähe zueinander anlegen, am besten in einem abgelegenen Winkel des Gartens hinter einer Hecke. Sitzen Sie nach Feierabend erst einmal gemütlich auf der Terrasse, wollen Sie sicherlich faulenzen und nicht durch den Anblick der wild übereinandergestapelten Pikiertöpfchen daran erinnert werden, dass hier noch Arbeit auf Sie wartet.

Bedenken Sie deshalb: Kurven machen Arbeit. Gerade beim Rasenmähen kommt man an linearen oder nur leicht geschwungenen Beeten sehr viel schneller voran. Das gilt auch für Höhenunterschiede, durch die viele Gärten ihren eigenen Reiz gewinnen. Hügel oder tiefer liegende Sitzplätze machen ein Grundstück zwar lebendig, münden allerdings auch in einem vermehrten Pflegeaufwand. Gleiches ist der Fall, wenn zwischen Wegen und Beeten erhöhte Kanten eingeplant sind. Sollen Flächen pflegeleicht gestaltet werden, wäre es unklug, solche Elemente künstlich einzuarbeiten.

Auch Nutzgärten sind in der Regel bedeutend pflegeaufwendiger als Staudenpflanzungen. Sofern Sie nicht planen, mit Ihrem Garten zum Selbstversorger zu werden, sollten Sie deshalb darauf verzichten.

Wenn Sie Ihren Garten jedoch entsprechend planen und gestalten, kann er mit all Ihren Altersstufen mitwachsen. Konzentrieren Sie sich bei seiner Planung und Anlage daher nicht nur auf Ihre augenblicklichen Bedürfnisse. Treppen oder schmale Zugänge mögen im Moment noch ihren Reiz haben, doch denken Sie daran, dass Sie auch im hohen Alter noch Spaß an Ihren vier grünen Wänden haben wollen. Planen Sie also dauerhaft für die Zukunft.

Standortanalyse

Die wichtigste Regel beim pflegeleichten Gärtnern lautet: Akzeptiere, was du hast, und versuche nicht gewaltsam, diese natürlichen Gegebenheiten zu verändern. Richten Sie sich also stets nach der Beschaffenheit des Bodens und nach den Lichtverhältnissen. Nichts beeinflusst die Pflanzengesundheit – und somit den Pflegeaufwand – so sehr wie diese zwei Faktoren. Zusätzliche Aspekte, die bei der Standortanalyse genau betrachtet werden sollten, sind:

- die Himmelsrichtung des Grundstücks: nach Süden – sonnig, nach Norden – schattig
- die Höhe des Grundwasserspiegels und die Regenmenge, was über den Feuchtigkeitsgrad des Bodens entscheidet
- die geografische Lage des Gartens innerhalb einer bestimmten Klimazone (= Frostempfindlichkeit der Pflanzen)
- seine Topografie (ob er in einer Mulde oder auf einem Hügel liegt = Wind- und Frostempfindlichkeit der Pflanzen)

Böden, die dauerhaften Winden ausgesetzt sind, können oberflächlich sehr stark austrocknen, was wiederum die Pflanzenauswahl beeinflusst. Auch die Lichtverhältnisse sind nicht nur von der Himmelsrichtung abhängig, sondern werden zusätzlich von hohen Bäumen, Sichtschutzmauern oder Gebäuden um das Grundstück herum beeinflusst. Gerade dann, wenn es sich um sogenannte Problemstandorte – Standorte, an denen sich mehrere wachstumseinschränkende Faktoren summieren – handelt, ist viel Fingerspitzengefühl bei der Pflanzenauswahl gefragt. Dies wären z. B. steile Böschungen nach Süden mit extrem durchlässigen Böden, Plätze unter alten Bäumen oder im Regenschatten vor Gebäuden, aber auch extrem kleine Vorgärten, Innenhöfe und Gartenstreifen an einer Hausseite.

Bild oben: Farben, Formen, Materialien und Bepflanzung verweben sich in dieser Gartenecke zu einem kleinen Kunstwerk.

Bild oben: Auch für ungastliche Standorte gibt es Kandidaten zur Begrünung, wie dieses blühende Knäuel aus Hauswurz *(Sempervivum)* beweist.

Um das Haus herum sind größere Kiesaufschüttungen die Regel. Dies hat den Effekt, dass der Boden hier sehr nährstoffarm und trocken ist. Noch trockener wird er, wenn das Dach stark übersteht und nur wenig Regenwasser hingelangen kann. Genau an dieser Stelle eine Kletterrose über ein Spalier ziehen zu wollen ist kaum ratsam. Doch auch das Gegenteil, ein Kiesband, das als Sauberkeitsstreifen dient, zeugt nicht wirklich von gestalterischer Innovativität. Vergessen Sie nie, dass es für jeden Standort, egal wie ungastlich er auch scheinen mag, eine geeignete Bepflanzung gibt. Für den Sauberkeitsstreifen wäre dies ein Beet mit Pflanzen, die an magere Böden und geringe Feuchtigkeit angepasst sind. Achten Sie allerdings darauf, dass die Pflanzen nicht zu hoch wachsen, da sie sonst Keller- und Küchenfenster beschatten, den Weg versperren oder gegen die Hauswand kippen.

Das Zünglein an der Waage aber ist der Boden. Schließlich sind es nicht nur Menschen und Tiere, die dank einer ausgewogenen Ernährung zu Höchstleistungen fähig sind. Auch auf Pflanzen trifft diese Regel zu. Ihr Nahrungsbedarf wird aus einem Cocktail verschiedener Hauptnährstoffe und Spurenelemente gestillt. Erst dann, wenn sie Bodenverhältnisse vorfinden, die ihrem natürlichen Standort entsprechen, entwickeln sie sich zu gesunden – und somit pflegeleichten – Exemplaren.
Ganz wie Menschen haben auch Pflanzen spezielle Vorlieben, was ihr »soziales Umfeld« betrifft: Die einen schätzen Lehm, die anderen sind mit nichts anderem als Sand zufrieden, die dritten lassen umgehend die Köpfe hängen, wenn sie nicht in humosem Substrat stehen. Physikalisch können Böden sehr einfach unterschieden werden. Bei hohem Sandgehalt fühlen sie sich rau und körnig an, rieseln leicht durch die Finger, lassen sich selbst im feuchten Zustand nicht zu einer Kugel formen, trocknen schnell aus und sind leicht zu bearbeiten. Lehmige Böden sind weicher, kompakter und formbar, kleben an den Fingern, halten das Wasser und lassen sich schwer bearbeiten. Humose Böden hingegen sind dunkler gefärbt, haben eine lockere Struktur, speichern das Wasser und sind einfach zu bearbeiten. Charakteristisch ist ihr feiner Geruch nach Pilz.
Um herauszufinden, wie es denn nun genau um die inneren Werte des Bodens – sprich: seinen pH-Wert und die Nährstoffzusammensetzung – bestellt ist, sollten Bodenproben entnommen werden. Untersuchen lassen kann man diese in landwirtschaftlichen Untersuchungs- und Forschungsanstalten sowie Privatlabors, die fachlich dafür ausgestattet sind. Für den Hausgebrauch gibt es im Fachhandel auch einfache Schnelltests, mit denen pH-Wert sowie die Nitrat-, Stickstoff-, Phosphor- und Kaliumwerte überprüft werden können. Nicht vergessen: Unterschiedlich genutzte Flächen (Rasen, Gemüsebeet, Staudenrabatte) immer getrennt voneinander untersuchen lassen.

Für die meisten Pflanzen sind pH-Werte zwischen 6,5 und 8 geeignet. Ergibt die Bodenprobe ein niedrigeres Ergebnis, berücksichtigen Sie die wichtigste Regel beim pflegeleichten Gärtnern und ersparen Sie sich das Verändern des pH-Werts durch mechanisches Einwirken. Anstatt den Boden mühsam auszutauschen, ist es ratsam, sich auf die Bedingungen einzurichten und eine dem Boden angemessene Bepflanzung zu wählen. Bei einem Wert von unter 6 wäre dies z. B. eine Bepflanzung mit Rhododendren.

Neben dem Nährstoffgehalt und dem pH-Wert ist allerdings auch das Maß an Bodenfeuchtigkeit wesentlich. Trockene Böden finden sich in der Regel in sonnigen Hanglagen bei gutem Wasserabzug, in geschützten Lagen von Gebäuden oder auf großen versiegelten Flächen wie Garageneinfahrten. Problematischer für den pflegeleichten Garten sind Böden mit Staunässe. Diese entsteht, wenn der Grundwasserspiegel sehr hoch liegt, der Boden durch Baumaßnahmen stark verdichtet ist oder sich wasserundurchlässiges Gestein direkt unter der Oberfläche befindet. Bei Standorten wie diesen kann es sein, dass die Wurzeln der Pflanzen in stehendes Wasser eingetaucht sind, wodurch ihre Sauerstoffversorgung blockiert ist. Darunter leidet nicht nur das Pflanzenwachstum; es kann sogar zum Absterben der Pflanzen führen.

Abhilfe lässt sich durch Gründüngung, Umgraben des Bodens sowie Hinzufügen von grobem Sand oder Kies schaffen. Hat dies keine Wirkung und leidet die Pflanzengesundheit dauerhaft, muss in den sauren Apfel gebissen und ein Dränagesystem installiert werden.

Bild oben und rechts: Purpur-Sonnenhut *(Echinacea purpurea)* und Prachtscharte *(Liatris spicata)* lieben sonnige, nährstoffreiche Standorte. Ihre farbintensiven Blüten sind nicht nur eine Bereicherung im Blumenbeet, sondern auch wahre Schmetterlingsmagneten.

Mit Vernunft gestaltet

Die wichtigsten Kriterien für eine solide Grundlage der Gartengestaltung finden Sie im folgenden Kapitel.

Bauwerke im Garten

Schaffen Sie eine solide Grundlage

Bild oben: Das Zusammenspiel traditioneller Baustoffe wie Ziegel und Natursteinpflaster geben diesem Sitzplatz sein besonderes Flair.

Die wenigsten Privatgärten können es mit den weitläufigen Ausmaßen eines Parks aufnehmen. Von der Größe erinnern sie oftmals eher an das sprichwörtliche Handtuch – wenn nicht gar an eine Papierserviette. Platz ist kostbar. Daher gilt, das wenige an vorhandenem Platz gut überlegt zu nutzen. Eine effiziente Gartengestaltung ist somit auch eine sparsame Gestaltung. Hierbei darf sparsam aber keinesfalls mit langweilig oder gar billig verwechselt werden. »Sparsam gestaltet« bedeutet, einige ausgesuchte Elemente dezidiert einzusetzen und somit mit wenig Aufwand den maximalen Effekt zu erzielen.

Eine Grundregel der Gartengestaltung lautet, dass sich einige wenige Farben und Formen wiederholen sollten, um im Betrachter ein Gefühl der Harmonie zu vermitteln. Dies ist ganz im Sinne einer pflegeleichten Gestaltung. Denn je weniger Einzeldetails regelmäßig gereinigt, geschnitten, geputzt und gesäubert werden müssen, desto besser.

Durch diese Details und Flächen erhält ein Garten sein Gerüst. Wege, Plätze, Zäune oder Sichtschutzwände bilden den Hintergrund, vor dem sich das Farbfeuerwerk der Blumenbeete in seiner ganzen Vielfalt entzünden kann.

Möchte man den Sommer über aber nicht damit verbringen, täglich die Kieswege zu rechen oder die Holzzäune zu lackieren, weil sie zu vermodern drohen, dann sollte eine Reihe von Vorgaben befolgt werden, die die Proportionen und Materialien sowie die Anlage und Wartung dieser Elemente betreffen.

Horizontale Elemente

»Wie man sich bettet, so liegt man« heißt es – eine alte Weisheit, die sich durchaus auf den Garten anwenden lässt. In zweifacher Hinsicht sogar! Denn einmal brauchen alle horizontalen Elemente, egal ob Wege, Sitzplätze, Terrassen, Rasenflächen oder andere, ein gestalterisches »Bett«, in dem sie »zu liegen« kommen. Dieses »Bett«, der Unterbau, ist dazu da, den Weg oder Platz rutschfest, witterungsbeständig und leicht begehbar zu machen. Doch wie bei den meisten Entscheidungen gilt auch hier: Sind sie einmal getroffen, lassen sie sich nur schwer wieder rückgängig machen. Leider sind im Gartenbau häufig die kostspieligsten Varianten auch die dauerhaftesten und somit die pflegeleichtesten. Bevor also eine halb gare Lösung gebaut wird, lassen Sie das Areal lieber unbearbeitet.
Doch warum alles auf einmal erzwingen? Bauen Sie lieber erst einmal nur wenige, dafür umso hochwertigere Elemente ein, statt das gesamte Programm aus Pergola, Carport, Spielwiese, Teich, Küchengarten und Bachlauf auf einen Schlag errichten zu wollen. Dann allerdings darauf achten, dass Zufahrtswege offen bleiben. Eine Pergola zur Straßenseite hin wird spätestens dann hinderlich sein, wenn im hinteren Gartenareal einmal ein Teich gebaut werden soll und der Bagger kein Hineinkommen mehr findet.

Bild oben: Der von Rundhölzern gesäumte Kiesweg entfaltet im Zusammenspiel mit gelbem Sonnenhut *(Rudbeckia fulgida)* und Husarenköpfchen *(Sanvitalia)* eine schillernde Wirkung.

Wege, Sitzplätze und Terrassen

Bei der Planung eines Gartenweges oder eines Sitzplatzes sind grundsätzlich drei Aspekte zu bedenken: Lage, Form und Materialien. Hier ist natürlich der persönliche Geschmack ausschlaggebend, doch auch ästhetische und praktische Überlegungen spielen eine Rolle. Wichtig ist, dass das verwendete Material und das Design der befestigten Fläche mit der Architektur der Gesamtanlage harmonieren. Bei den Größenvorgaben für Wege gibt es Richtmaße, was die Nutzung betrifft. Hauptwege – also Wege, die breit genug sind, dass zwei Personen gut nebeneinander darauf gehen können – sollten mit einer Breite von 120 bis 160 cm angelegt werden. Für weniger häufig benutzte Wege empfehlen sich 80 bis 100 cm Breite (damit der Platz zum Schieben eines Rasenmähers oder einer Schubkarre noch immer gut ausreicht). Bei sehr schmalen Pfaden in Blumenrabatten, die in erster Linie zum Jäten benutzt werden, reicht eine Breite von 40 bis 60 cm.

Bild oben: Dunkle Gartenecken kann man mit hellen Pflanzen oder einer weißen Bank aufpeppen.

Bild unten: Voraussetzung für haltbare Wege ist die Bearbeitung des Untergrunds. An den Ecken kommt der Handstampfer zum Einsatz, größere Flächen werden mit der Rüttelplatte verdichtet.

Doch auch Fragen zum späteren Pflegeaufwand, zu Steigung und Gefälle des Geländes sowie zu Materialkosten müssen geklärt werden. So werden Wege und Sitzplätze in schattigen Gartenbereichen gerne von Moos überwachsen. Gerade bei altem Sandstein ist diese grüne Patina zwar dekorativ, kann bei Regen allerdings rutschig und somit riskant werden. Wem der grüne Belag missfällt, der ist mit Granit oder Beton besser beraten, da sie sich zuverlässig mit dem Hochdruckreiniger säubern lassen. Achten Sie auf die Frostempfindlichkeit des Materials, insbesondere wenn Sie in Regionen leben, die für ihre eisigen Wintertemperaturen bekannt sind. Je verrottungsfester das Material ist, desto länger haltbar ist es und desto später müssen Sie sich Gedanken über allfällige Sanierungen machen – ein echtes Plus auf dem Pflegeleicht-Zeitkonto.

Gut zu wissen

Schichtbauweise

Wege und Plätze bestehen in der Regel aus einem Belag bzw. einer Decke aus Verbund- oder Pflastersteinen sowie einem Unterbau. Dieser setzt sich zusammen aus (von oben nach unten)

- *einer 3–5 cm hohen Ausgleichsschicht aus Splitt oder Sand,*
- *einer verdichteten Tragschicht aus Kies oder Schotter der Körnung 0/32 mit einer Höhe von (je nach Belastung) 20 cm sowie*
- *dem verdichteten Untergrund.*

Nur wenn diese drei Schichten solide eingearbeitet und (außer der Ausgleichsschicht) verdichtet wurden, ist gewährleistet, dass die befestigte Fläche langfristig tragfähig und nutzbar ist – und somit pflegeleicht.

Kleinformatiges Pflastermaterial wie Kiesel- oder Kopfsteinpflaster ist das gestalterische i-Tüpfelchen in naturnahen Anlagen oder romantischen Gärten. Kurven lassen sich hiermit leichter gestalten als mit großformatigen Platten. Diese eignen sich eher für streng gestaltete Gärten mit gleichmäßig breiten, gerade verlaufenden Pflasterbelägen oder einer geraden Streckenführung.

Wege und Plätze lassen sich entweder mit losem Material wie Splitt und Rindenmulch oder mit starren Materialien wie Beton oder Naturstein anlegen. Erstere sind sehr preisgünstig und einfach zu bauen, haben jedoch den Nachteil, dass sich hier Unkraut ansiedeln kann. Ein weiteres Handicap: Das Material rutscht schnell davon und muss ersetzt werden – wenn es nicht gleich an den Schuhen kleben bleibt.

Für Wege und Plätze aus losem Material gilt daher:

- Splitt oder Rindenmulch nur auf Nebenwegen und -plätzen anbringen, also auf solchen Arealen, die nicht direkt ans Haus anschließen.
- Je feiner die Körnung, desto besser ist der Weg begehbar. Im Vergleich zu Kies hat Splitt den Vorteil, dass seine eckigen Steinchen verkanten, beim Auftreten weniger nachgeben und nicht so schnell verloren gehen wie die rundlichen Kieselsteine.
- Wege aus losem Material nicht auf abschüssigem Gelände anlegen. Einmal eiligen Schrittes darübergelaufen, schon haben sich die beweglichen Teilchen in die Wiese davongemacht.

Bild oben: Durch die Verwendung unterschiedlich großer und geformter Steine erhält dieser Patchworkbelag seine Dynamik.

Bild oben: Die klare Wirkung der mit Randsteinen eingefassten Kiespfade wird durch die Bepflanzung (Ziergräser, Buchsbaum, Elfenblume) und die Steinfindlinge noch verstärkt.

- Auch bei Kies- oder Splittwegen ist der Einbau einer 10–15 cm starken Tragschicht vorteilhaft. Sie verhindert, dass sich das Oberflächenmaterial mit dem Boden vermischt. Die Kiesschicht sollte nicht dünner sein als 5 cm, da sonst beim Wegerechen der Schotter der Tragschicht herausgezogen werden kann. Jätarbeiten reduzieren sich, wenn ein wasserdurchlässiges Unkrautvlies unterlegt wird.
- Offenporige Beläge wie Splitt oder Kies sind für Autostellplätze weniger gut geeignet, da sich fallen gelassene Schlüssel oder Münzen hier nur schwer wiederfinden lassen. Außerdem erschweren sie das Schneeschippen im Winter nur noch mehr.

Dauerhafter und sauberer als loses Material sind Beläge aus Naturstein oder Beton. Ihre Anlage ist zwar kosten- und zeitintensiv, doch diese Investition zahlt sich schnell aus. Abgesehen davon, dass sie langlebiger sind als lose Materialien, bieten sie auch eine festere Auflage für Liegestühle, den Gartentisch oder Grill.
Beton als Baustoff ist beliebig formbar; Pflaster, Platten und Verbundsteine lassen sich somit an fast jede Gartensituation anpassen. Dank ihrer exakten Form lassen sie sich leicht verlegen, und auch der Kostenfaktor ist geringer als bei Naturstein. Dieser ist einer der ältesten und schönsten Werkstoffe im Landschaftsbau und quasi unverwüstlich.
Im Gartenbau kommen hauptsächlich Granit, Basalt, Porphyr, Sandstein, Marmor und Grauwacke zum Einsatz. Achten Sie darauf, bei gepflasterten Sitzplätzen an Gebäuden oder bei Wegen, die auf das Haus zuführen, ein Gefälle von mindestens 2 % weg vom Haus einzuberechnen. Andernfalls besteht die Gefahr, dass nach einem heftigen Regenfall der Keller unter Wasser steht. Als Material für den Unterbau eignet sich Splitt besser als Sand, da dieser möglicherweise »Füßchen« bekommt, wenn er von Ameisen als Baumaterial zweckentfremdet wird. Schlimmstenfalls können einzelne Bauelemente absinken.

Bild oben: Hier trennt ein schlichter Kiesweg die Rasenfläche von der schmalen Seitenrabatte. Mit seinen hellen Steinchen lockert er die Bepflanzung auch farblich auf.

Vor allem bei Neubauten ist Geduld gefragt, da die Areale rund um das Haus meist mit viel Material aufgeschüttet werden. Vier Jahre kann es dauern, bis sich das Gelände gesetzt hat. Erst dann sollten bauliche Maßnahmen wie Terrassen oder Sitzplätze angegangen werden. Wer die Zeit nicht hat, aber dennoch vermeiden will, dass der Sitzplatz beim Kaffeekränzchen wegsackt, muss eine Betontragschicht anbringen.

Bild oben: Die Flächenwirkung dieses Vorgartens wird durch eine kleine Rabatte gebrochen, die Eingangs- und Garagenbereich separiert.

Bei der Umgestaltung alter Wege oder Plätze muss überlegt werden, ob das Material nicht wiederverwertet werden kann. Sofern die Platten noch intakt und keine Stolperfallen sind, reicht es häufig, sie punktuell auszubessern. Entscheiden Sie sich für neue Platten, tun sich bei der Auswahl interessante Möglichkeiten auf: Spezielle teflonbeschichtete Terrassen- und Gehwegplatten beispielsweise sind besonders pflegeleicht und widerstandsfähig gegen Frost und Tausalze. Auch Verschmutzungen wie Öl, Grillfett, Rotwein, Ketchup oder Obstflecken lassen sich einfach von der Oberfläche entfernen, Algen und Moos setzen sich erst gar nicht fest. Pflegeaufwendiger sind Sandstein und Klinker, haben jedoch den Vorteil, im Sommer auch zur Mittagshitze noch barfuß begehbar zu sein, während sich dunkel gepflasterte Terrassen stark aufheizen können.

Pflastersteine und Betonplatten können in gebundener oder in ungebundener Bauweise verbaut werden. Letztere ist einfacher zu bewerkstelligen, da die Steine »trocken« (ohne Mörtel) in ein Splittbett gesetzt werden. Diese Technik ist die Standardbauweise im Gartenbau. Nachteilig in puncto Pflegeaufwand ist, dass hier Unkraut zwischen den Fugen wachsen oder Fugenfüllmaterial durch Wasser oder den Besen herausbefördert werden kann. Dauerhafter, wenngleich kostspieliger ist die gebundene Bauweise, bei der die Pflastersteine in einem Fundament aus Zementmörtel liegen. Für die Haltbarkeit ist ein solider, verformungsstabiler Unterbau die Voraussetzung. Liegen die Pflastersteine allerdings nur in einem Sandbett, lohnt sich der Aufwand nicht, da sich der Mörtel nach kurzer Zeit aus den Fugen löst.

Gut zu wissen

Naturstein und Kinderarbeit

Manche Importeure beziehen ihren Granit, Sandstein, Marmor und Schiefer aus asiatischen Ländern, wo sie durch kommerzielle Kinderarbeit abgebaut werden. Als Gegenmaßnahme gibt es Zertifizierungsmodelle, die nur an solche Betriebe vergeben werden, die Kinderarbeit missbilligen. Doch gerade Deutschland, Österreich und die Schweiz zeichnen sich durch eine reichhaltige Palette unterschiedlichster Natursteinarten aus. Wer sich hierfür entscheidet, kann davon ausgehen, dass Lieferzeiten eingehalten werden und es keine Probleme mit Nachlieferungen geben wird – und natürlich auch keine Kinder für den Abbau des Gesteins eingesetzt werden.

Wer die höheren Kosten für den heimischen Naturstein nicht tragen kann, den billigeren asiatischen Naturstein jedoch nicht in seinem Garten haben mag, der kann beim Straßenbauamt, bei Abbruchunternehmen oder beim Landschaftsgärtner nach Restmaterial aus dem Straßenbau nachfragen.

Der Nachteil: Das Aussuchen der Steine sowie der Transport in den eigenen Garten sind zeitaufwendiger und oftmals logistisch schwieriger.

Um Graswege dauerhafter zu machen, können Trittsteine in den Rasen gelegt werden. Das Schrittmaß von Plattenmitte zu Plattenmitte sollte der Bequemlichkeit wegen ca. 60 cm betragen.

Die Wegführung im Vorgarten sollte sich an der kürzesten Strecke zwischen Gartenpforte und Haustüre orientieren. Achten Sie auf die Breite und bedenken Sie Witterungseinflüsse, wenn kein Schmutz ins Haus getragen werden soll. Installieren Sie Lampen, sodass der Weg auch bei Dunkelheit sicher begangen werden kann. Bevor Sie pflanzen, sollte außerdem geklärt werden, wo die Mülltonnen ihren Platz finden.

Bild oben: Trittsteine verhindern eine zu rasche Abnutzung der Rasenfläche. Sind diese richtig gesetzt, kann man wie gewohnt Rasen mähen.

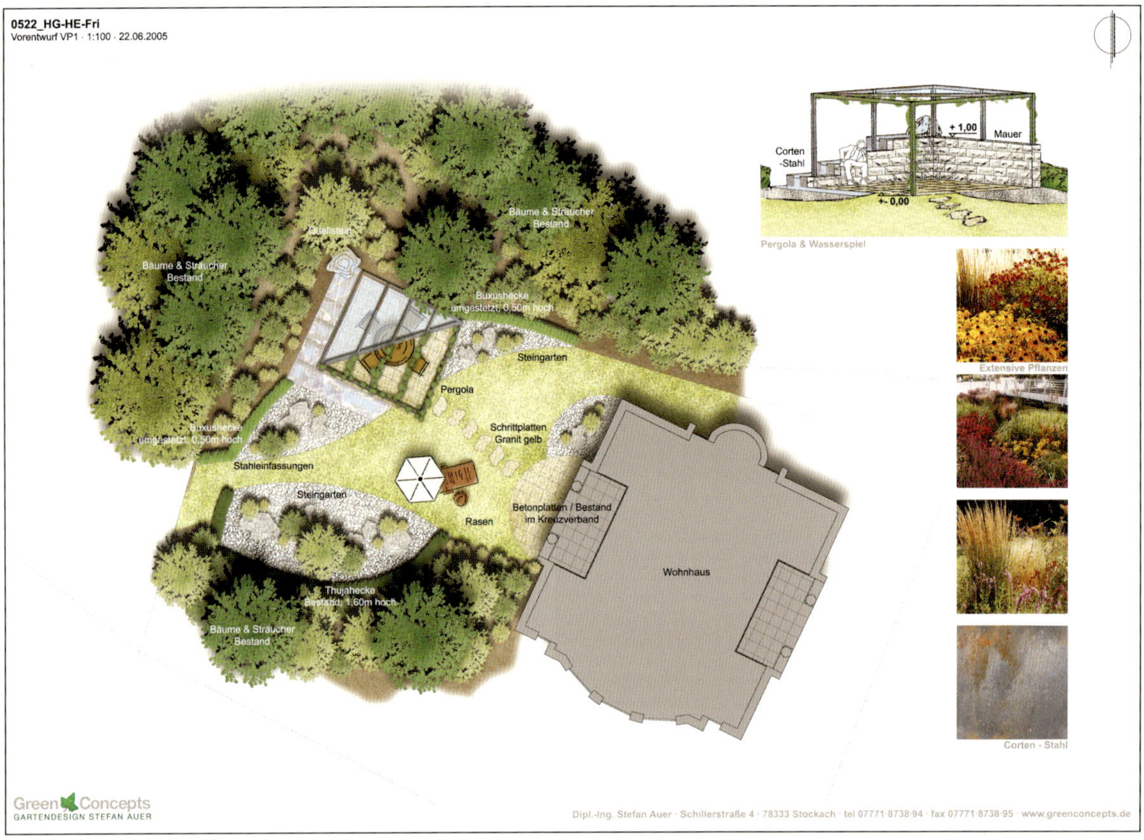

Zeichnung oben: Bei der Umgestaltung dieses Hausgartens sollte ein Sitzplatz errichtet werden, der die ganze Gartensaison hindurch als überdachter Wohnbereich genutzt werden kann.

Bild oben: Den Abschluss zum Hang bildet eine selbsttragende Betonmauer in Sandstein-Optik.

Praxis: Sitzplatz mit Wasserspiel

Die besondere Herausforderung bei der Anlage dieses Sitzplatzes war, ihn so auf die Architektur des Hauses abzustimmen, dass er nicht als Fremdkörper, sondern als harmonischer Teil der formalen Anlage wirkt. Zusätzlich gewünscht war ein Wasserspiel, das sich an der Schmalseite des Sitzplatzes aus einem Quellstein über mehrere Stufen in ein Wasserbassin ergießen sollte. Ein weiterer Schwerpunkt lag auf der Umgestaltung mehrerer Beete zu Kiesrabatten.
Drei Faktoren erschwerten die Baumaßnahmen: einmal die geringe Größe des Grundstücks, seine schattige Hügellage und als Letztes der Umstand, dass unter einer kaum 10–15 cm hohen Humusschicht bereits das Gestein anschließt.

Bild oben: Um Platz für die Wasserelemente zu gewinnen, wurde das Gestein auf der linken Seite des Sitzplatzes weiträumig abgetragen.

Bild oben: Zur besseren Begehbarkeit wurde ein Großteil des Geländes abgetragen. Damit die Fläche rasch benutzt werden konnte, wurde nach erfolgter Planierung Rollrasen ausgelegt.

Der bestehende Rasen wurde abgeschält und entsorgt. Zur Verbesserung der Bodenqualität wurde der Humus mit Bodenaktivator bereichert. Nach erfolgter Planierung konnte der neue Rollrasen verlegt werden.
Als klare, saubere Abtrennung von Rasen und neu entstandenen Steinbeeten wurde eine Stahleinfassung eingebaut. In die Steinbeete wurde zur Unkrautunterdrückung eine PVC-Folie eingelegt und mit der Mistgabel durchlöchert, um eine ausreichende Belüftung des Untergrunds zu sichern.
Nach erfolgter Planierung wurden die Rasensoden zurückgelegt. Gelbe Granittrittplatten als Verbindung zwischen Haus und neu entstandenem Sitzplatz verhindern einerseits eine zu rasche Abnutzung des Rasens, garantieren andererseits ein sauberes Schuhwerk, auch bei Regen. Zur Unterstreichung des formalen Charakters der Anlage wurde sehr reduziert gepflanzt. In erster

Linie kamen Polsterglockenblume, Schilf und andere Gräser wie die schattenverträgliche Japansegge *Carex morrowii* 'Variegata' zum Einsatz. Als Abschluss zum Hang wurde eine selbsttragende Betonmauer in Sandstein-Optik von knapp einem Meter Höhe errichtet. Da tief in den Hang hineingegraben werden musste, musste das Gestein des Untergrunds mit dem Schlagbohrer entfernt werden. Um die Haltbarkeit der Mauer zu gewährleisten, wurde sie nach hinten dräniert. Die einzelnen Steine wurden mit Klebemörtel befestigt. Als Bodenplatten kamen die bereits vorhandenen wieder zum Einsatz.
Zur Verstärkung der Flächenwirkung, aber auch, damit der neue Sitzplatz sich möglichst stimmig in den Haus-Garten-Komplex einfügt, musste ein Großteil des Geländes abgetragen werden.

Bild ganz oben: Da die Qualität des vorhandenen Erdreichs nicht gut war, wurde frischer Humus aufgetragen und mit Bodenaktivator vermischt.

Bild oben: Das Wasserspiel besteht aus insgesamt fünf Stahlmodulen. Von der untersten Wanne wird das Wasser nach oben zum Quellstein gepumpt.

Bild oben: Beidseitig wird der Sitzplatz von Kiesbeeten flankiert. Rote Farbtupfer setzen Purpurglöckchen und der Fächerahorn.

Bild oben: Ein Glasdach und bewegliche Stoffbahnen erlauben es, bei Regen und Sonne draußen zu sitzen. Da die Pergola im Erdreich und auf den Mauerelementen verankert ist, ist sie besonders stabil.

Als gut sichtbarer Abschluss zwischen Garten und direkt anschließendem Hang wurde eine symmetrisch geschnittene, 50 cm hohe Buchshecke gepflanzt.
Die einzelnen Wasserbassins für das Wasserspiel wurden direkt vor Ort zusammengebaut. Da das Wasser mit großer Geschwindigkeit vom unteren Element nach oben zum Quellstein gepumpt wird, ist die Gefahr einer Algenbildung in den einzelnen Bassins minimal. Die unterste, 60 cm tiefe Wanne, die den Sitzplatz zu einem Drittel flankiert, wurde mit Rohrkolben und Seerosen bepflanzt.
Die teils im Boden, teils auf den Mauerelementen verankerte Stahlpergola war eine Spezialanfertigung. Ihr Lounge-Charakter wird durch ein Glasdach sowie durch bewegliche Stoffbahnen unterstrichen.

Bild oben: Im gesamten Garten wurden die gleichen Materialien verwendet. Gelbe Granittrittplatten verbinden die beiden Plätze.

Zierrasen oder Blumenwiese ...

Bild oben: In der Schweiz und in Norditalien gehört die Tessiner Pergola mit Granitstelen und Auflagehölzern aus Kastanienholz zum Alltagsbild.

... das ist die entscheidende Frage im Gartenbau. Immerhin nimmt in den meisten Gärten der Rasen die größte zusammenhängende Fläche ein. Von ihm wird viel verlangt. Darauf spielen, laufen, schlafen und feiern möchte man, picknicken, Gänseblümchen pflücken und sonnenbaden. Und gut aussehen soll die Rasenfläche obendrein auch noch!

Welches Rasenmodell für pflegeleichte Gärten am besten geeignet ist, lässt sich schnell beantworten. Immerhin ist kaum eine andere Grünfläche so pflegeintensiv wie der englische Zierrasen. Er ist quasi der Ferrari unter den Rasenflächen: ein echter Heißsporn, aber ständig reparaturbedürftig. Ihm einen Platz im eigenen Garten zu gewähren bedeutet: während der Wachstumssaison wöchentlich mähen und bei Trockenheit täglich wässern, mindestens zweimal im Jahr mit Spezialdünger düngen, unerwünschte Wildkräuter und Moose entsorgen, und zwar entweder durch chemischen Gifteinsatz oder maschinell mithilfe sogenannter Vertikutierer. Im schlimmsten Fall muss zusätzlich aerifiziert werden – bei dieser Methode werden mit einer speziellen Maschine Löcher in den Rasen gestanzt, um ihn zu belüften. Überdies steht eine regelmäßige Kontrolle von Schädlingen und Krankheiten an.

Glücklicherweise gibt es zahlreiche Alternativen zur »perfekten« Rasenmonokultur. Bei der Auswahl entscheidend sind einmal der Standort sowie die erwartete Nutzung. So muss in sehr schattigen Arealen spezieller Schattenrasen ausgesät werden. Werden die Kinder ihn als Fußballwiese nutzen, sollte die Wahl auf Mischungen für stark belastbare Rasenflächen fallen. Ausgewiesen pflegeleichte Rasenmischungen

wachsen durch die Kombination der darin enthaltenen Arten besonders langsam und müssen daher auch weniger häufig geschnitten werden. Außerdem benötigen sie als ausgewiesen trockenheitsverträgliche Zusammenstellungen nur selten eine extra Wässerung.
Eine andere Möglichkeit bietet die Verwendung spezieller Rasenklee-Mischungen. Sie zeichnen sich durch sehr kleine Blätter und eine geringe Blühfreudigkeit aus, müssen nicht gedüngt werden, und auch ein Bewässern ist nur an sehr heißen Tagen notwendig. Ein weiterer Vorteil ist ihre hohe Widerstandsfähigkeit gegen Krankheiten und Unkräuter.
Egal für welche Rasensorte Sie sich letztendlich entscheiden, auch bei der Wahl des Saatguts gilt: Die Qualität macht den Preis. Je stärker die Massebildung eines Grases, desto schlechter ist seine Rasenqualität, aber umso höher die Saatguternte. Hochqualitative Regel-Saatgut-Mischungen (RSM) haben eine geringe Saatgutausbeute, weswegen sie zwar sehr teuer sind, dafür aber für eine schöne, dichte Rasennarbe sorgen.
Bei der Aussaat sollten Sie sich genau an die Empfehlungen der Hersteller halten. »Doppelt versorgt hält besser« ist da in zweifacher Hinsicht kein empfehlenswerter Leitspruch. Zum einen ist das Saatgut sehr teuer, zum anderen behindern sich die Gräser gegenseitig in ihrer Entwicklung, wenn zu eng gesät wird. Als Richtwert für die Aussaat kann eine Saatgutmenge von 20 bis 25 g/m^2 genommen werden.
Erst ab einer Bodentemperatur von 10 °C keimt Saatgut optimal. Diese Temperatur wird meist erst Anfang bis Mitte Mai erreicht – dann allerdings kann die Neuaussaat durch starke Hitze- oder Trockenperioden beeinträchtigt werden. Bei einer Herbstaussaat hat der Boden die Wärme des Sommers noch gespeichert und die Herbstregen halten das Substrat feucht. Gerade an Standorten mit sehr langem Winter, aber auch an solchen mit geringem Niederschlagsaufkommen entwickeln sich Rasenansaaten im Spätsommer und Herbst leichter.

Überlegen Sie sich genau, welche Areale Sie in Rasenflächen umwandeln wollen. Werden Grasflächen zu sehr durch Grillplätze, Garten- oder Gerätehütten, Pavillons, Wege oder andere Hindernisse zerstückelt, dauert das Rasenmähen entsprechend länger. Bei mehreren voneinander abgetrennten Rasenarealen sollte auf die einfache Zugangsmöglichkeit für den Transport des Rasenmähers geachtet werden, also auf die Breite von Wegen und Durchgängen. Vorsicht auch bei höher liegenden Arealen, die über Stufen verbunden sind. Hier sollte entweder eine Zugangsmöglichkeit von außen sichergestellt werden, oder Sie pflanzen anstelle eines Rasens eine Gruppe Bodendecker.
Auf heißen Hängen oder extrem schattigen Hinterhöfen ist es ratsam, auf Rasen komplett zu verzichten, da die Arbeit, ihn grün zu halten, in keinem Verhältnis zum Aufwand steht. Auch sehr kleine oder schmale Areale eignen sich nur bedingt als Rasenfläche. Eine minimal dimensionierte Spielwiese wird innerhalb weniger Stunden von einem spielfreudigen Kindertrupp in eine Matschsuppe verwandelt worden sein. Hier ist man mit einer dicken Schicht Rindenmulch besser beraten.

Rasen von der Rolle

Ungeduldige Naturen, die nicht warten wollen, bis die ausgesäte Rasenfläche ergrünt ist, können Fertigrasen oder Rollrasen auslegen. Die Vorbereitung des Bodens ist die gleiche wie bei Ansaat mit Rasensamen: Boden gut lockern, einebnen und von Unkräutern befreien. In sehr lehmige Böden sollte Sand oder Perlit eingearbeitet werden. Vor dem Ausrollen der Rasenstücke die Fläche planieren und mit einer Rasenwalze diagonal walzen. Nachdem die Fläche mit Starterdünger gedüngt wurde, kann der Rollrasen Bahn für Bahn ausgelegt werden. Sobald die Rasenfläche verlegt ist, nochmals vorsichtig anwalzen, damit die Rasensoden Kontakt mit dem Erdreich haben. Dann ausgiebig wässern und die Fläche auch in der Anwachsphase feucht halten. Je nach Witterung dauert es zwei

Bild oben: Zwei Fliegen werden mit einer Klappe geschlagen, wenn beim Rasenmähen gleichzeitig das herabgefallene Laub aufgesaugt wird.

Bild unten: Die freundliche Wiesenmargerite ist so gut wie unverwüstlich und lässt sich durch Aussaat leicht im Garten ansiedeln.

Wochen, bis die Rasensoden mit dem Erdreich verwachsen sind.

Wem das Mähen des Rasens ein echter Gräuel ist, dessen Herz dürfte bei der Idee eines Blumenrasens aufgehen. Blumenrasen-Saatmischungen bestehen aus niedrig wachsenden Gräsern, die mit jahreszeitlich blühenden Blumen vermischt werden. Ein Schnitt fällt nur sechs- bis achtmal im Jahr an, Düngen ist nicht notwendig, und auch bewässern müssen Sie die Fläche nur bei außerordentlich heißen Temperaturen. Begehbar sind diese Mischungen aus Thymian, Gänseblümchen, Salbei, Schafgarbe, Flockenblume, Margerite und Gräsern aber noch immer.

Eine Alternative zu Rasenflächen auf sonnigen Nebenwegen ist der Thymianrasen oder ein Rasen aus Römischer Kamille. Beide Rasenvarianten müssen nicht gemäht werden, duften aromatisch beim Darübergehen und dienen vielen Schmetterlingen und Bienen als Nahrung. Als Substrat benötigen sie sandige, magere Böden mit guter Dränage, das nur gering mit Kompost vermischt werden darf.

Spitzenreiter in der Rangliste »Geringer Mähaufwand« sind Blumenwiesen, die nur ein- bis dreimal im Jahr geschnitten werden müssen. Allerdings wachsen sie auch dementsprechend hoch, weswegen der Rasenmäher häufig an ihnen scheitert. Besser für ihren Schnitt geeignet sind Sense, Balkenmäher oder Motorsense. Zwei weitere Einschränkungen gibt es: Sie sollten nur in kaum oder überhaupt nicht begangenen Gartenbereichen angelegt werden und benötigen in der Regel einen mageren und nicht allzu schattigen Standort. Je magerer, umso artenreicher und damit umso schöner wird die Wiese anzuschauen sein. Übrigens: Dünger ist Gift für Blumenwiesen – was dem erhofften niedrigen Pflegeaufwand entgegenkommt, da Düngegaben entfallen. Im Gegenzug muss das Schnittgut allerdings eingesammelt und auf dem Kompost oder einer entsprechenden Sammelstelle entsorgt werden.

Blumenwiesen sind recht empfindlich, was ihren Standort anbelangt. Wählen Sie daher nur eine Blumensamenmischung, die auf die genauen Bedürfnisse Ihres Bodens zugeschnitten ist. Aufschluss darüber kann eine Bodenprobe geben. Die meisten Samenhändler werden Ihnen eine standortgemäße Mischung zusammenstellen können.

Bild oben: Zwischen den faustgroßen Steinen dieses Kiesgartens recken Federborstengras *(Pennisetum alopecuroides)* und Blauschwingel *(Festuca glauca)* ihre wuschligen Köpfe empor.

Beeteinfassungen

Wege, Plätze und Rasenflächen sorgen für Struktur in unseren Gärten, doch wenn Gras über den Beetrand wuchert oder Humus auf Plätze rutscht, ist noch nicht viel gewonnen. Um die horizontalen Flächen vom Pflegeaufwand her akzeptabel zu gestalten, müssen sie eingefasst werden. Die Beeteinfassung trägt also zur Pflegeleichtigkeit bei – und ist gleichzeitig Mittel der allgemeinen Gartengestaltung.
Naturstein, Beton-Rasenkantensteine, Klinker und Ziegelsteine werden in der Regel als Pflasterband ein- oder mehrzeilig in ein ausreichend tiefes Fundament gelegt und ebenerdig festgeklopft. Eine Einfassung auf das gleiche Niveau zu legen wie den umgebenden Rasen sieht nicht nur hübsch aus, sondern ist auch praktisch. So kann beim Rasenmähen direkt darübergefahren werden, ohne den Rasenmäher zu beschädigen. Ist die Einfassung höher, muss separat mit dem Rasenkantenschneider geschnitten werden, was einen Mehraufwand bedeutet. Liegt das Beet allerdings auf einem deutlich höheren Niveau als das angrenzende Areal, muss das Erdreich durch ein gemörteltes Mäuerchen gefestigt werden.
Bordsteine können zwar einfach in eine Sand- oder Kiesbettung verlegt werden, doch dann drohen sie bei starker Belastung wegzurutschen. Wer den Aufwand des Einmörtelns nicht scheut, sollte sie daher lieber in ein Betonfundament legen.
Wie auch bei Wegen und Plätzen stehen Einfassungen aus Naturstein in vorderster Front, was Ästhetik und Nutzen anbelangt – allerdings auch in Sachen Anschaffungskosten. Erheblich preisgünstiger sind Betonelemente. Das Sortiment an gängigen Modellen ist schier uferlos, doch leider steht bei manchen der Nutzen vor der Schönheit. Abtrennungselemente aus Kunststoff sind die günstigste Alternative für all jene, die eine rein funktionale Lösung suchen. Manche Hersteller bieten sie mit Fahrspur für den Rasenmäher oder mit integrierten Wasser- und Stromanschlüssen an. Wer es exklusiver mag, dem steht die Metallvariante offen. Diese langen Bänder aus Stahl, Corten-Stahl, Edelstahl oder Aluminium grenzen Erdreich und Rasenflächen wie eine unsichtbare Barrikade voneinander ab. Da die meisten Ausführungen mit vorgefertigten Befestigungsspießen ausgestattet sind, lassen sie sich kostengünstiger und mit weniger Aufwand montieren als einzementierte Begrenzungen. Zudem müssen die Rasenkanten nicht separat geschnitten werden, da die Oberkante der Bänder nach Einbau 5–15 mm über Bodenniveau liegt.

Bild oben: Vor allem bei leichter Steigung verhindert ein Metallband als Beeteinfassung, dass der Humus auf den Wegbelag kullert.

Vertikale Elemente

Die räumliche Wirkung eines Gartens entfaltet sich erst dann, wenn »in die Höhe« gebaut wird. Zäune, Mauern, Tore, Pergolen, Sichtschutz,

Bild oben: Sichtschutz einmal anders: In Kombination mit Sträuchern *(Taxus)*, Stauden *(Anemone)* und Gräsern wirkt diese Naturstein-Stele nahezu beschwingt.

Bild rechts: Voraussetzung für einen solch prachtvollen Empfang ist, dass das Klettergerüst solide im Boden verankert ist.

Laubengänge – all diese Elemente geben einem Garten Raumstruktur, aber auch eine individuelle Note.
Was für Plätze und Wege gilt, gilt auch für die vertikalen Elemente: Nur dann kann mit langfristigem Nutzen gerechnet werden, wenn es sich um qualitativ hochwertiges Material handelt. Ein keine zehn Zentimeter in den Boden gerammter Plastik-Rosenbogen wird bei der ersten kräftigen Bö in sich zusammenfallen – oder einstürzen, kaum dass die Kletterrose etwas Gewicht auf ihn legt. Sichtschutzwände aus billigem Furnier sind nur so lange blickdicht, wie kein starker Wind gegen sie bläst. Tore werden immer ein Ärgernis sein, wenn sie nicht richtig im Lot stehen und sich ständig von selbst öffnen. Auf den ersten Blick erscheinen diese Punkte kaum erwähnenswert, doch letztendlich verursachen auch sie Arbeit und kosten Zeit.
Ausschlaggebend für die Haltbarkeit der vertikalen Elemente ist die Verankerung im Boden. Egal ob Sichtschutz, Zaun oder Pergola: Erst eine solide Verankerung im Boden (z. B. über ein Betonfundament) macht das Element dauerhaft haltbar und weniger anfällig für Schäden durch Wind, Wetter oder Belastung.
Sichtschutzwände sind dann besonders facettenreich, wenn verschiedene Materialien wie

Bild oben: Es gibt kaum eine Anwendung im Garten, für die Holz als Baustoff nicht geeignet wäre. Sichtschutzwände aus Haselruten lassen sich auch im Selbstbau zimmern.

Bild unten: Und ein Metallrahmen mit Spaltholz gefüllt bietet Sichtschutz – und zugleich einen ungekünstelten Anblick.

Bild oben: Doch auch Gartentore und alle anderen Gartenbauwerke lassen sich aus Holz zimmern. Wichtig für die Haltbarkeit ist der Holzschutz.

Gittersteinelemente (schmale Gabionen), Holz in Metallrahmen, Stahlplatten sowie Bepflanzung kombiniert werden.
Doch Vorsicht: Spätestens wenn es darum geht, Erdmassen zu bewegen, in die Tiefe zu betonieren, Stützwände zu errichten oder Bruchsteine für Zyklopenmauern aufeinanderzustapeln, sollten Sie die Arbeit von einem Profi verrichten lassen. Hat ein Erdrutsch das in aufwendiger Eigenarbeit errichtete Mäuerchen erst einmal plattgemacht, ist die Enttäuschung groß.

Holz

Im Gartenbau sind Produkte aus Holz universell einsetzbar. Es kann für Palisaden, Pergolen, Lauben, Zäune, Mauern, Bänke, Spielgeräte, Wände oder als Sichtschutz verwendet werden – und natürlich als Bodenmaterial für Sitzplätze oder Pflaster. Es ist ein natürliches, warmes Material, das schön mit jeder Bepflanzung harmoniert.
Sichtschutzwände aus Holz gibt es in vielen Variationen: als Fertigelemente, aus Bambus oder Weidenholz angefertigt oder sogar aus Spaltholz konstruiert – die Möglichkeiten sind zahllos. Gerade Letztere wirken besonders schön, wenn sie in verzinkte oder pulverbeschichtete Stahlrahmen eingelassen sind.
Wichtig ist jedoch die Art des Holzes. Will man längerfristige Freude an seinem Holzbauwerk haben, müssen haltbare Holzarten verbaut werden. So wird der Robinie eine Haltbarkeit von 13 Jahren zugeschrieben, der Buche hingegen nur von drei. Kesseldruckimprägnierte Hölzer benötigen in der Regel keinen chemischen »Nachschutz«, es sei denn, das Holz weist nachträgliche Bearbeitungsstellen wie Bohrlöcher oder größere Trockenrisse an der Oberseite auf. Die wichtigste Maßnahme besteht jedoch im konstruktiven Holzschutz. Denn egal ob Sichtschutz oder Pergola: Trocken währt am längsten. Regenwasser muss daher gut ablaufen können, und Holz darf keinen direkten Kontakt zum Erdreich haben. Letzteres wird durch u-förmige Pfostenschuhe oder in Betonfundament eingelassene Bodenspieße gewährleistet.

Gut zu wissen

Tropenholz im eigenen Garten?
Jährlich gelangen allein in die Bundesrepublik ca. 2 Mio. m³ importierte Tropenhölzer. Viele dieser teils illegal geschlagenen Hölzer werden für den Bau von Gartenmöbeln benutzt, und kaum eines davon wird den ökologischen und sozialen Mindeststandards in Europa gerecht. Als Gegenmaßnahme gibt es Zertifizierungsmodelle wie das FSC-Zertifikat (FSC = Forest Stewardship Council), das für nachhaltige Waldbewirtschaftung unter Gewährleistung ökologischer, sozialer und ökonomischer Standards steht. Doch wer ganz sicher sein möchte, dass seine Pergola tatsächlich ökologisch unbedenklich ist, der entscheidet sich für heimisches Bauholz aus Eiche, Robinie oder Lärche. Sie zählen zu den dauerhaftesten heimischen Hölzern und haben sehr gute Festigkeits- und Elastizitätseigenschaften. Gerade die Robinie kann es an Dauerhaftigkeit durchaus mit asiatischem Teak aufnehmen.

Metall

Hinsichtlich seiner gestalterischen Möglichkeiten überbrückt Metall die Kluft zwischen Tradition und Moderne. Es lässt sich in Form schmiedeeiserner Elemente als Zaun verwenden oder kann im ultramodernen Garten als kunstvoller Sichtschutz fungieren. Auch als Klettergerüst für Pergolen, Rosenbögen oder Laubengänge ist es kaum zu ersetzen. Seine Anschaffungskosten liegen deutlich über denen von Holz, was es allerdings durch seine Unverwüstlichkeit wieder wettmacht.
Metallkonstruktionen für Zäune, Pergolen und Laubengänge gibt es in zahlreichen Gestaltungsformen. Zäune werden üblicherweise aus verschweißten Vierkantprofilen oder Rundrohren hergestellt. Als Materialien kommen z. B. Aluminium, Eisen, Edelstahl und feuerverzinkter Stahl infrage. Auch Pergolen und Laubengänge lassen

sich vorgefertigt beziehen, können aber auch vom Metallschlosser spezialangefertigt werden. Sie bieten Kletterpflanzen das optimale Gerüst, doch Vorsicht: Bei starkem Sonnenschein heizen sich dunkel gestrichene Metallträger auf, was gerade jungen Pflanzen gar nicht behagt. Größere Pflanzen können ein ziemliches Gewicht entwickeln, weswegen die Metallpfosten in ein Betonfundament gelegt und, falls räumlich möglich, zusätzlich an Hauswände verschraubt werden sollten.

Stein/Beton

Was für Metall zutrifft, gilt auch für Stein: hohe Anschaffungskosten, lange Haltbarkeit. Einzelne Stelen aus Granit sind ein echter Hingucker – doch leider auch recht kostspielig. Eine Alternative sind Gabionen. Diese mit Stein oder Kies gefüllten Gitterkörbe stammen ursprünglich aus der Böschungssicherung, und auch wenn sie eine Zeit lang als »ästhetisch skandalös« verschrien waren, haben sie mittlerweile einen Siegeszug durch die Gärten angetreten. Nicht ohne Grund: Sie sind – im Vergleich zu Trockenmauern und Granitstelen – preisgünstig in der Anschaffung, extrem pflegeleicht, benötigen wenig Platz und dienen sowohl als Sicht- als auch als Lärmschutz. Längst haben sie sich als architektonisches Element in der Gartengestaltung etabliert.

Ebenfalls preisgünstiger als Natursteinelemente sind jene aus Beton. In Form von Palisaden, in Sichtbeton-Optik oder in Kombination mit anderen Materialien, vor Ort gegossen oder »von der Stange« aus dem Baumarkt – die Möglichkeiten sind zahlreich.

Bild oben: Pergolen aus Metall gibt es in unzähligen Variationen. Besonders exquisit sind sie dann, wenn sie vom Schlosser maßangefertigt wurden.

Bild links: Die korallenrote Rinde des Fächerahorns (*Acer palmatum* 'Sango-kaku') ist der perfekte Gegenpol zum Dunkelgrau dieser metallischen Sichtschutzwand.

Bild oben: In kühlen Farben präsentiert sich die Kombination aus grauem Beton-Sichtschutz und Blauer Mädchen-Kiefer (*Pinus parviflora* 'Negishi').

Bild unten: Abgrenzen, aber nicht ausschließen: Als luftige Einfriedung machen diese Granitstelen neugierig auf das, was dahinterliegt.

Bild oben: Eine Kombination aus Lärm- und Sichtschutz sind die sogenannten Gabionen, Steinkörbe aus geschweißtem Metall.

Klinker

Heutzutage wirken die rustikalen, beschaulichen Gartenbauwerke aus Klinker ein wenig altmodisch. Dabei ist Klinker universal einsetzbar, und seine Stärken sprechen für ihn. Pflasterklinker ist ein natürliches Baumaterial, das aus heimischem Ton hergestellt und bei Temperaturen von rund 1200 Grad Celsius gebrannt wird. Dies macht ihn gut frost- und witterungsbeständig. Doch zu viel des Klinkers führt schnell zu einer visuellen Überladung. Daher gilt auch hier: Durch eine ausgewogene Gestaltung ergibt sich ein einheitliches Bild.

Vertikale Pflanzungen

Eine Begrünung mit Pflanzen dient entweder dem Zweck des Sichtschutzes oder der Dekoration. Die Klassiker, die frei wachsenden oder geschnittenen Hecken, scheitern oft an den Beschränkungen des Grundstücks, weswegen in diesen Fällen oft eine von Kletterpflanzen überwachsene Einfriedung vorgezogen wird. Hierbei gelten in pflegeleichten Gärten spezielle Kriterien. Zwar soll ja alles in Windeseile grün und bunt sein, aber wer widmet schon gerne den Großteil seiner freien Zeit einem wuchsfreudigen Knöterich, um dessen wild um sich schlagende Arme auf eine erträgliche Länge zurückzustutzen? Vitalität und Wuchsfreudigkeit der Pflanzen müssen daher auf das zu berankende Objekt und die zur Pflege verfügbare Zeit abgestimmt werden. Ist, wie bei einem knapp 1,20 Meter hohen Holzzaun, nur wenig Platz vorhanden, würde es sich in der Tat als kontra-

Bild oben: Perfekt in Szene gesetzt ist dieses Ensemble aus Nutz- und Ziergarten: Raumbildung auf höchstem Niveau.

Bild oben: Waldreben wie hier *Clematis montana* 'Rubens' können zur Blütezeit jede Hausfassade in ein Blütenmeer verwandeln.

Bild oben: Die indigoblaue Staudenwaldrebe *Clematis* 'Durandii' ist eine schwächer wachsende, gut winterharte Sorte.

produktiv erweisen, den Schlingknöterich *(Fallopia baldschuanica)* zu pflanzen – der kann nämlich bis zu acht Meter Länge pro Vegetationsperiode vorlegen! Tatsächlich eignet er sich für die wenigsten »pflegeleichten« Gärten, es sei denn, Ihnen missfällt die Fassade Ihres Hauses und Sie wünschen sie möglichst schnell in ein grünes Gespinst verwandelt.
Wichtig bei der Auswahl ist, dass Sie die Pflanzen standortgerecht und passend zur vorhandenen Kletterkonstruktion aussuchen, denn ein sogenannter Schlinger kann sich kaum an Mauerwerk halten. Unterschieden werden vier verschiedene Arten: Selbstklimmer saugen sich dank ihrer Haftwurzeln bzw. -scheiben ohne äußere Hilfe an der Unterlage fest, während Spreizklimmer, bei denen Stacheln, Dornen oder abstehende Äste als Stütze dienen, anfangs an horizontalen Latten, Stäben, Spanndrähten

Bild oben: Ab Mai blüht der Blauregen *(Wisteria)* in überbordender Fülle. So anmutig seine Blüten sind, so zerstörerisch ist manchmal die Kraft seiner schlingenden Triebe.

Bild oben: Spreizklimmer wie diese Kletterrose benötigen ein Gerüst, an dem sie emporwachsen können.

und Drahtseilen festgebunden werden müssen. Bei Schlingern bzw. Windern führt der gesamte Spross eine spiralartige Bewegung um die Kletterhilfe aus, weswegen diese Arten senkrechte Rankhilfen wie Latten, Stäbe, Spanndrahtkonstruktionen oder Drahtseile benötigen. Diese werden auch von den Rankern geschätzt, denen ihre korkenzieherähnlichen Spross- oder Blattteile den nötigen Halt geben.
Hinsichtlich der Pflege sind die Spreizklimmer ganz klar am aufwendigsten, da bei ihnen ständig gebunden und geknotet werden muss. Sehr viel einfacher in der Pflege sind die Selbstklimmer, die kein Gerüst benötigen. Sie eignen sich besonders für den Einsatz an hohen, schwer erreichbaren Fassaden. Voraussetzung für eine

Gut zu wissen

Nicht geeignet für Selbstklimmer sind:
- *Holzwände und Fachwerk (Holzschutzprobleme, möglicher Pilzbefall)*
- *vorgehängte Wände, Wandplatten und Schindeln (begrenzte Tragfähigkeit, Absprengrisiko)*
- *kunststoffhaltige Wandanstriche (Durchwurzelungsgefahr, Problem der Erneuerung)*
- *Wärmedämm-Verbundsysteme (begrenzte Tragfähigkeit)*
- *sanierte Putze mit dünnem Oberputz (begrenzte Tragfähigkeit)*

solche Fassadenverschönerung ist allerdings, dass die Pflanze die notwendige Haftunterlage vorfindet und dass die Kletterkonstruktion nicht höher als 50 cm unter die Traufenhöhe reicht. Andernfalls kriechen die Himmelsstürmer gerne unter das Dach und müssen aufwendig wieder herausgeschnitten werden.
Als »Rollrasen« unter den Hecken kann die »Hecke am laufenden Meter« bezeichnet werden. Diese Systemlösung aus einem ausgewachsenen Heckenabschnitt, einem Pflanztopf mit Erde und einem stabilen Gitter lässt sich in verschiedenen Maßen und Bepflanzungen in ausgesuchten Baumschulen bestellen. Da die Pflanzen vorkultiviert sind, punkten sie mit sofort blickdichter Sichtschutzwirkung.
Bei der Auswahl der passenden Kletterpflanzen für Ihre speziellen Bedürfnisse hinsichtlich Standort und Pflegeaufwand hilft Ihnen die Tabelle auf Seite 162 f.

Bild oben: Die selbstklimmende Jungfernrebe eignet sich ideal für die Fassadengestaltung. Im Herbst färbt sich ihr Laub in spektakuläres Blutrot.

Empfehlenswerte Kletterrosen

Name	Kletterhöhe (Meter)	Blütenfarbe	Blütenart	Duft	Bemerkung
'Compassion'	2–3	Lachsrosa	Gefüllt	Intensiv	Mehrmals blühend, mäßiger Stachelbesatz
'Manita'	2–3	Rosa	Halb gefüllt	Leicht	Mehrmals blühend, mäßiger Stachelbesatz
'Morning Jewel'	2–3	Karminrosa	Gefüllt	Intensiv	Mehrmals blühend, wenig Stachelbesatz
'Rosenresli'	2–3	Lachsrosa	Gefüllt	Intensiv	Mehrmals blühend, geringer Stachelbesatz
'Super Excelsa'	2–3	Karminrot	Gefüllt	Ohne	Mehrmals blühend, fast ohne Stacheln
'Flammentanz'	4–6	Blutrot	Gefüllt	Leicht	Einmal blühend, mäßiger Stachelbesatz

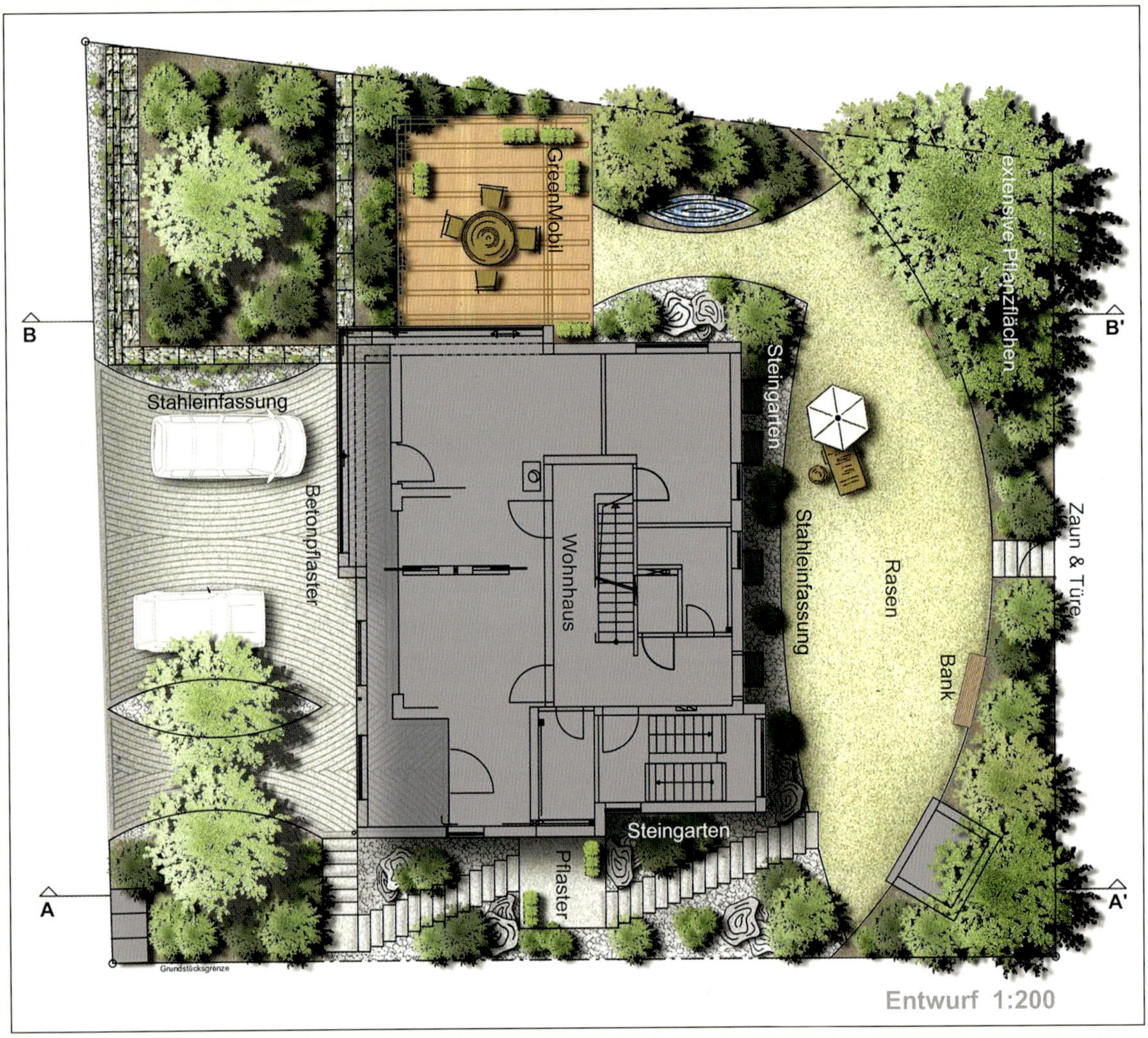

Zeichnung oben: Geplant war, auf der Hausrückseite eine halbrunde Rasenfläche anzulegen, eingefasst von einer weitläufigen Sträucher-Staudenrabatte; die zur Straße hin geneigte Seite ist funktionaler gestaltet.

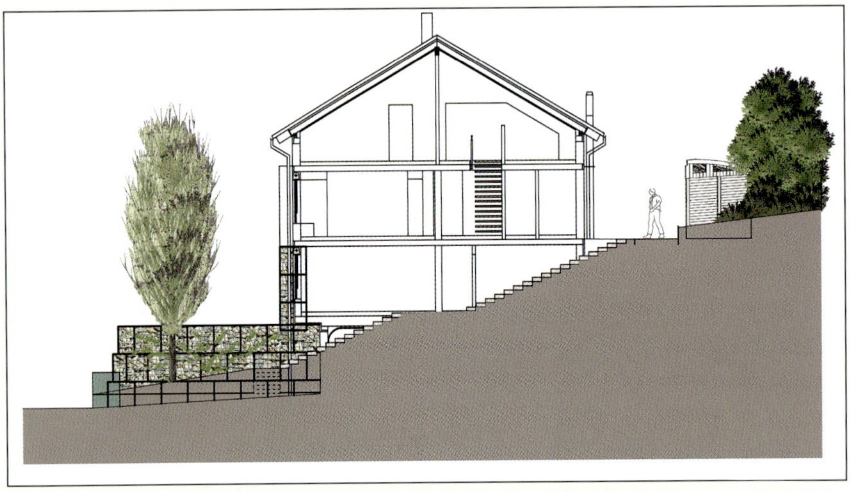

Zeichnung links: Die Neuanlage des Grundstücks gestaltete sich durch den Höhenunterschied von insgesamt sechs Metern als besonders kniffelig.

Praxis: Garageneinfahrt

Insgesamt sechs Meter Höhenunterschied bei einer Tiefe von knapp 6,50 Metern mussten bei der Neuanlage dieses Gartengrundstücks auf möglichst effektive und kostengünstige Weise bewältigt werden. Eine weitere Herausforderung lag in der sehr weitläufigen Garageneinfahrt, in der sowohl zwei Autos Platz finden sollten, aber in der auch noch genug Raum für den Zugang zu Fuß bleiben musste.

Um den Druck des Hangs aufzufangen, mussten die Gabionenkörbe als Schwerlastmauern konzipiert werden. Während die oberste Reihe nur einen Meter breit ist, reicht die unterste drei Meter in die Böschung hinein.

Bild oben: Zunächst musste ein Teil des Hangs abgegraben werden, um ausreichend Platz für die Gabionenkörbe zu schaffen.

Bild oben: Beide Etagen wurden mit Kletterpflanzen bepflanzt. Da sich die nach Süden geneigten Wände bei Sonne stark aufheizen, können nach kurzer Zeit eigene Weintrauben geerntet werden.

Bild oben: Die Gabionenkörbe mussten als Schwerlastmauer konzipiert werden, um dem Druck des Hangs standhalten zu können.

Pro Ebene wurden je drei Reihen Gabionen aufeinandergesetzt.
Bereits zu Beginn der Planung stand fest, dass die Gabionenwand vertikal wie horizontal begrünt werden sollte, um den wuchtigen Eindruck der Steinwand zu mäßigen. Bei den Kletterpflanzen fiel die Wahl auf Waldreben *(Clematis)* sowie Weinreben *(Vitis vinifera)*. Die Fläche der zweiten Etage wurde mit einem Essigbaum *(Rhus hirta)* in Rhizomsperre sowie bodendeckendem Bambus *(Pleioblastus pygmaeus* var. *distichus)* bepflanzt.
Die Problematik der weitläufigen Garageneinfahrt wurde dadurch gelöst, dass die Fläche durch schiffförmige Pflanzrabatten gebrochen wurde. Diese wirken nicht nur als Raumteiler, sondern verleihen dem Eingangsbereich des dreistöckigen Hauses eine spielerische Note. Dies wird zusätzlich dadurch unterstützt, dass die Betonpflasterung sich an die Form der Pflanzrabatten anpasst und dank ihrer leichten Bögen die sehr geometrische Architektur abschwächt.

Bild oben: Essigbaum und bodendeckender Bambus zeichnen sich durch eine starke Wüchsigkeit aus. Binnen Jahresfrist war die gesamte Fläche der zweiten Etage begrünt.

Bild ganz oben: Schiffförmige Rabatten von 6 Metern Länge lockern den sehr geometrischen Eingangsbereich auf.

Bild oben: Die Pflastersteine wurden in der Flucht bogenförmig an die Rabattenschiffe angepasst.

Bild oben: Der aus Nordamerika stammende Amberbaum ist berühmt für seine tiefpurpurne bis weinrote Herbstfärbung.

Bild unten: Bepflanzt wurden die Rabattenschiffe u. a. mit Ziergräsern und Katzenminze.

Als Material für die »Rabattenschiffe« wurde Rohstahl verwendet, der nach kurzer Zeit eine dekorative rostige Patina ansetzt. Da die Gefahr besteht, dass der Rost bei Regen auf das Pflaster fließt, wurde zwischen Stahlband und Pflaster eine 1 bis 2 cm breite Fuge frei gelassen und mit Splitt verfüllt, um eine schnelle Wasserableitung zu gewährleisten. Eine Noppenfolie an der Innenseite der Beete verhindert den Kontakt von Erdreich und Stahlbändern und wirkt als Dränage. Auch hinsichtlich der Farbwirkung wurde durch zwei in die Rabattenschiffe gepflanzte Amberbäume *(Liquidambar styraciflua)* ein stimmiges Konzept verfolgt. Wenn sich im Herbst ihr Laub spektakulär rot färbt, wird diese Farbe ihre Entsprechung bei Gartenhüttchen, Garagen- und Eingangstor finden.

Begrünt, aber mit Köpfchen

Die richtige Wahl vermeidet viel Qual – mit geeigneten pflegeleichten Pflanzenkandidaten für grüne Gartenstunden.

Pflanzenauswahl

Standortkriterien

Bild oben: Farne mögen schattige, eher feuchte Standorte. Sie brauchen kaum Pflege und werden von Schnecken gemieden.

Der spannendste Moment in der Gestaltung von Gärten ist die Pflanzenauswahl. Doch welche Pflanzen eignen sich am besten für pflegeleichte Gärten? Bei der Antwort auf diese Frage gelten spezielle Kriterien: Gehölze dürfen nicht zu schnittintensiv sein, sondern sollten sich ausbreiten dürfen – gleichzeitig aber auch nicht zu sehr. Prachtstaudenbeete müssen regelmäßig gegossen werden, um ihre ganze Schönheit zu entfalten; dies jedoch ist zeit- und ressourcenintensiv. Wollen Sie die Beete nicht jährlich umstylen, ist eine dauerhafte Bepflanzung mit Stauden der Kultur von Einjährigen vorzuziehen, denn Letztere ist mühsam und ein äußerst langwieriger Prozess.

Um nochmals die wichtigste Regel des pflegeleichten Gärtnerns zu wiederholen: Berücksichtigen Sie bei der Beetgestaltung sowie bei der Pflanzenauswahl und -kombination immer die natürlichen Voraussetzungen, sprich: Sonnenverhältnisse, Windfaktor, Klima, Wasserversorgung und vor allem den Boden. Zwar spricht nichts dagegen, den Garten nach eigenen Vorstellungen zu formen, doch diese sollten sich stets nach den realen Gegebenheiten richten, nicht umgekehrt.
Was über Materialien für Gartenbauwerke gesagt wurde, gilt auch, wenn es um den Kauf der Pflanzen geht. Schnäppchenjagd ist im Garten keine kluge Strategie. Billige Preise bedeuten in der Regel kurzes, mit Dünger künstlich beschleunigtes Wachstum, was auf Kosten der Pflanzengesundheit geht. Möglicherweise standen die Pflanzen wochenlang in dunklen Lager-

hallen und leiden unter Pilzerkrankungen. Zusätzlich sind die Sorten oft falsch bezeichnet, was sich spätestens dann als fatal erweisen wird, wenn sich der für den Schatten gedachte Storchschnabel *Geranium phaeum* als sonnenhungriger Blut-Storchschnabel *Geranium sanguineum* entpuppt, der in seiner schattigen Rabatte kaum eine Blüte ansetzt – sollte er überhaupt anwachsen.

Stattdessen empfiehlt es sich, die Pflanzen in ausgewiesenen Baumschulen vor Ort zu kaufen. Hier werden Sie fachlich angemessen beraten, die Pflanzen sind (meistens) gesund, robust und an die Klimazone angepasst. Zudem kann davon ausgegangen werden, dass die Bodenverhältnisse in der Baumschule denen Ihres eigenen Gartens gleichen, was den Pflanzen den Umzug erleichtert.

Für die Qualität der Pflanzen gilt: Kaufen Sie im Frühjahr keine vorgetriebene oder aus dem Süden importierte Ware. Da in vielen Regionen Deutschlands, der Schweiz und Österreichs bis in den Mai mit Spätfrösten gerechnet werden muss, die im Gewächshaus vorgezogenen Pflanzen allerdings schon längst auf Sommertemperaturen eingestellt sind, sind sie sehr frostanfällig und gehen leicht ein. Wurden die Pflanzen in den Baumschulen im Freien überwintert, sollte ihr Wuchs der allgemeinen Vegetationsentwicklung entsprechen. Für Topfware gilt: Der Wurzelballen sollte gut durchwurzelt sein und der Austrieb aus allen Knospen erfolgen.

Bild oben: Wenn sie in Höhe und Breite über genug Platz verfügen und durch keine unnötigen Schnittmaßnahmen verunstaltet wurden, können Bäume ihre ganze Wirkung entfalten.

Gehölze

»Vom Großen ins Kleine«, das könnte den Arbeitsverlauf bei der Gestaltung mit Grün im Garten beschreiben. Denn bevor Stauden und Zwiebeln gepflanzt werden, heißt es: Akzente

Bild oben: Moorbeetpflanzen wie Rhododendren, Azaleen oder Heidelbeeren benötigen ein saures Bodenklima, um gut zu gedeihen.

setzen. Dies geschieht durch den Einsatz gerüstbildender Gehölze wie Solitärbäume, Hecken oder Kletterpflanzen. In praktischer Hinsicht fungieren sie als Sicht-, Lärm- und Windschutz, als gestalterisches Element grenzen sie Bereiche ab, schaffen Räume oder mildern eine zu wuchtige Gebäudearchitektur.

Bei der Auswahl der Gehölze sollte unbedingt die Endgröße bedacht werden. Vermeiden Sie es, eine Buche in einen kaum handtuchgroßen Hausgarten zu pflanzen oder zu viele Gehölzarten auf zu engen Raum zu setzen. Spätestens wenn sie ausgewachsen sind, werden erhebliche Abholzungskosten auf Sie zukommen. Erkundigen Sie sich daher nach der zu erwartenden Endgröße.

Im Gegensatz zu Stauden lassen sich Gehölze nur schwer wieder verpflanzen oder nach Lust und Laune im Garten hin- und herschieben. Wenn Sie sich also für einen Platz für den Hausbaum entschieden haben, sollte er dort auch die nächsten fünfzig Jahre stehen bleiben dürfen.

Rhododendrengarten

Rhododendren gelten allgemein als sehr pflegeleichte Gehölze. Immergrün, herrliche Blüte, kolossale Farbenpracht – ihre Qualitäten sprechen für sich und machen sie bei Gartenbesitzern so beliebt. Voraussetzung für dieses Farbspektakel ist ein genügend saurer Untergrund mit einem pH-Wert von 4,5 bis 5,5. Liegt er in einem anderen Bereich, rächt sich dies durch gelbe Blätter und kümmerlichen Wuchs. Unter Umständen geht das Gehölz sogar ein. Doch dank neuer Züchtungen ist dies nicht der Weisheit letzter Schluss. Für die Gestaltung eines Rhododendrengartens gibt es zwei Möglichkei-

ten, zum einen die Anlage eines speziellen Rhododendrenbeets, zum anderen die Verwendung besonderer kalktoleranter Rhododendronarten. Die erste Variante ist arbeitsaufwendig und bricht mit einem wichtigen Prinzip des pflegeleichten Gärtnerns, da es bei unpassendem pH-Wert das großflächige Austauschen von Boden erfordert. Als Minimum gilt eine Fläche von drei bis vier Quadratmetern. Diese muss 50–60 cm tief ausgegraben werden. Um einen guten Wasserabzug zu gewährleisten, wird eine 10–15 cm tiefe Dränageschicht aus Kies oder Sand eingefüllt. Aufgefüllt wird die Grube mit Torf oder besser Torfersatzprodukten.
Bei der zweiten Variante kommen spezielle kalktolerante Rhododendrenarten zum Einsatz. Diese sogenannten Inkarho®-Rhododendren wurden auf Wurzelballen veredelt, die kein spezielles Moorbeet benötigen. Sie vertragen einen pH-Wert von 6,5 sehr gut, müssen aber dennoch auf humosen Böden mit gutem Wasserabzug stehen.
Egal ob herkömmlicher Strauch oder moderne Züchtung, Rhododendren sind Flachwurzler. Beim Setzen sollte daher die Oberkante des Topfballens nicht zu tief liegen, sondern möglichst ebenerdig. Falls die Pflanze mit den Jahren durch ihr Gewicht absinkt, muss sie ausgegraben und höher gesetzt werden, was bei großen Sträuchern allerhand Aufwand bedeutet.
Auch bei der Pflege von Rhododendren ist einiges zu beachten. Feste Termine im Gartenjahr sind die erste Jahresdüngung der Sträucher im April oder Mai, für die Nachdüngung außerdem der August. Nach der Blüte sollten verblühte Blütenteile ausgebrochen werden, damit der Blütenflor fürs Folgejahr sichergestellt ist. Achten Sie vor allem in heißen Sommern darauf, dass die Sträucher nicht austrocknen. Vermeiden Sie aber unbedingt Staunässe!

Heckenpflanzen

Grüne Barrieren aus Heckenpflanzen erfüllen den gleichen Zweck wie ein Zaun, eine Mauer oder auch eine Sichtschutzwand: Unerwünschte Gäste bleiben draußen, allzu entdeckungsfreudige Kleinkinder drinnen. Bei der Auswahl infrage kommender Pflanzen muss zunächst geprüft werden, wie viel Platz überhaupt zur Verfügung steht. Vor allem in kleinen Gärten kann eine hohe und dichte Hecke schnell beengend und düster wirken.
Die nächste Entscheidung betrifft die Frage, ob die Hecke immergrün sein soll oder ob eine sommergrüne (laubabwerfende) Hecke angemessener ist. In der Regel ziehen Gartenneulinge die immergrüne Hecke aus Thuja, Kirschlorbeer und Scheinzypresse vor – doch nicht immer ist das die bessere Wahl.

Bild oben: Für die meisten Arten ist ein halbschattiger bis schattiger Standort Bedingung. Wichtig ist, die Pflanzen nicht austrocknen zu lassen.

Bild oben: Um das glänzende Laub der Lorbeerkirsche (alias »Kirschlorbeer«) nicht zu verletzen, sollte sie mit der Handschere geschnitten werden. Dies kann sehr zeitaufwendig sein.

Bild oben: Die Hainbuche kann problemlos mit der Heckenschere geschnitten werden. Sie akzeptiert selbst einen tiefen Schnitt ins alte Holz.

Immergrüne Hecken bieten zwar das ganze Jahr hindurch Schutz, doch sie sind statisch: Den Verlauf der Jahreszeiten von der Blüte bis zum Herbstlaub wird man hier nicht miterleben.
Da immergrüne Gehölze auch im Winter noch Feuchtigkeit verdunsten, über die Wurzeln jedoch keinen Nachschub mehr ziehen können, verdursten sie bei gefrorenem Boden leicht. Als Gegenmaßnahme muss an frostfreien Tagen gegossen werden, vor allem wenn die Pflanzen sonnenexponiert stehen und es längere Zeit nicht geregnet hat.
Formhecken aus Thuja oder Scheinzypresse sollten mindestens einmal im Jahr geschnitten werden, und zwar am besten erst im Herbst, um brütende Vögel nicht zu stören.
Sehr großformatige Thujenhecken kann man kaum noch auf eine kleinere Größe zurückstutzen, denn wird zu tief ins grüne Blattwerk

geschnitten, bleibt ein braunes Loch, das nur sehr langsam (wenn überhaupt) wieder zuwächst. Damit sie auch unten nicht verkahlen, sollten Schnitthecken eine leichte Trapezform haben (sich nach oben verjüngen). Dies erfordert ein gutes Augenmaß, einen sicheren Umgang mit der Heckenschere und vor allem eine gute Standfestigkeit, insbesondere wenn man auf den obersten Sprossen einer Leiter herumbalanciert.

Eine immergrüne Thuja- oder Kirschlorbeerhecke ist also keineswegs das Nonplusultra an Pflegeleichtigkeit. Für beide gibt es solide Alternativen, darunter auch heimische Gehölze, die perfekt an das lokale Klima in Mitteleuropa angepasst sind. Sommergrüne Hecken sind nicht so empfindlich, was Klimaeinflüsse, Umweltgifte und einen weniger professionellen Schnitt anbelangt. Die Hainbuche beispielsweise lässt sich auch nach Jahren noch radikal bis aufs alte Holz zurückschneiden. Koniferen wären über eine Behandlung wie diese alles andere als erfreut.

Die Breite der Gehölze kann je nach Art und Höhe sehr unterschiedlich sein. Bedenken Sie schon beim Kauf, dass die Eibe bei einer Höhe von 150 cm nahezu einen Meter breit wird, die Hainbuche bei regelmäßigem Schnitt hingegen nur 50 cm. Ausschlaggebend für die Wuchsgeschwindigkeit sind der Standort sowie das Nahrungsangebot der Pflanzen. Hainbuchen beispielsweise wachsen im Schnitt um die 35 cm im Jahr. Bei sehr guten Bedingungen können ihre Triebe allerdings auch bis zu 75 cm im Jahr lang werden.

Vor allem in kleinen Gärten bieten sich Schnitthecken wegen ihres geringeren Platzbedarfs an. Im Gegensatz zu Zäunen oder Mauern muss für sie keine Baugenehmigung eingeholt werden. Bei regelmäßigem Schnitt bleiben sie schön schlank und dicht. Wen das bisweilen etwas monotone Einfassungsgrün stört, der kann verschiedene Pflanzengruppen miteinander kombinieren – dann aber darauf achten, dass der Standort für alle angemessen ist.

Für größere Gärten sind frei wachsende Naturhecken eine überlegenswerte Variante, da sie sehr viel individueller – und überdies weniger pflegeaufwendig sind. Allerdings eignen sie sich vom erforderlichen Platz her nicht für jeden Garten, da eine Gesamtbreite von mindestens drei Metern eingeplant werden muss. Ein forscher Verjüngungsschnitt alle fünf bis zehn Jahre reicht in der Regel aus. Hierbei werden die alten, mehrjährigen Triebe bodeneben herausgeschnitten – doch Vorsicht! Nicht mehr als ein

Bild oben: Dunkelgrün und nadelig, silbrig weiß und pelzig: Eibe, Wollziest und Steinquendel schön kombiniert auf der Insel Mainau.

Bild oben: Stachelig, aber fast unzerstörbar: Berberitzen stellen kaum Ansprüche an den Boden und sind gut hitze- und trockenheitsverträglich.

Bild oben: Auch immergrüne Berberitzen sind gut frosthart und vertragen Stadtklima sowie zeitweilige Trockenheit.

Drittel der Pflanzen auf diese Weise einkürzen, da sonst über die kommende Saison zu viele Löcher in der Hecke klaffen. Fallen in der Zwischenzeit störende Äste aus dem Verbund, können sie mit der Hand- oder der Heckenschere

Bild oben: Felsenbirnen *(Amelanchier)* sind anspruchslos und bieten eine herrliche Frühjahrsblüte, essbare Früchte und rote Herbstfärbung.

gestutzt werden. Bei frei wachsenden Hecken werden die Sträucher mehrreihig mit einem Abstand von 60 cm bis 1,50 Metern gepflanzt, je nachdem, welche Größe sie ausgewachsen erreichen können.

Wichtig beim Setzen ist, dass Sie die Vorgaben des Nachbarschaftsrechts nicht aus den Augen verlieren. Als Faustregel gilt, dass Bäume und Sträucher mit bis zu zwei Metern Höhe mindestens 50 cm entfernt von der Gartengrenze gepflanzt werden müssen, bei höheren Pflanzen beträgt der Abstand mindestens zwei Meter. Von dieser Regel kann es aber in den deutschen Bundesländern, in Österreich und der Schweiz Ausnahmen geben. Um Platz zu sparen, sollten Sie überlegen, ob die Hecke in Absprache mit den Nachbarn direkt als Grenzzaun gepflanzt werden kann.

Die Pflanzen können wurzelnackt, als Ballenware oder im Container im Fachhandel bezogen werden. Bei Eiben, Thujen, Scheinzypressen und allen Zypressenarten ist nur Ballen- oder Containerware zur Neupflanzung geeignet. Ballenware und wurzelnackte Sträucher lassen sich von Mitte Oktober bis Ende April pflanzen (hierzu das Astwerk von wurzelnackten Sträuchern um zwei Drittel zurückschneiden, beschädigte oder abgeknickte Wurzeln um etwa ein Drittel). Das Setzen der (teureren) Containerpflanzen erfolgt das ganz Jahr über, außer bei Frost. Voraussetzung für das Anwachsen ist kräftiges Gießen, vor allem in den ersten Wochen. Sind die Pflanzen größer als einen halben Meter, sollte nach der Pflanzung ein Pfahl in die Erde geschlagen werden. Einzelne starke Äste daran festbinden, sodass sich die Wurzeln bei Wind nicht lockern.

Buchsbaum: Für und Wider

Die letzten Jahre meinten es nicht gut mit dem Buchsbaum *(Buxus)*. Er ist eine der beliebtesten Gartenpflanzen, denn er ist immergrün, lässt sich zu originellen Formen schneiden, eignet sich als Einfassung oder zur formalen Gestaltung. Doch ein Heer an Schädlingen setzt ihm

Gut zu wissen

Achtung, Feuerbrand!

Die Klassiker der Naturhecken, Weißdorn (Crataegus), Felsenbirne (Amelanchier), Feuerdorn (Pyracantha), Vogelbeere (Sorbus) sowie die Kultur- und Zierformen von Apfel (Malus) und Birne (Pyrus) sind leider auch Wirtspflanzen des Feuerbrand-Erregers Erwinia amylovora. Durch dieses Bakterium können große wirtschaftliche Schäden in Obstanlagen, Baumschulen und Hochstammobstgärten entstehen. Wird Befall festgestellt, ist der Rückschnitt befallener Triebe bis weit in das gesunde Holz hinein notwendig. Bei starkem Befall sind die Bäume zu roden. Die Schnittwerkzeuge müssen in Ethanol desinfiziert und die infizierten Pflanzenteile gesondert entsorgt werden. In Österreich, Südtirol und der Schweiz ist die Krankheit meldepflichtig.

zu. Der erst 2004 in Deutschland aufgetauchte Pilz *Cylindrocladium buxicola* verursacht verheerende Schäden im Buchsbestand. Mit Vorliebe befällt er die für Einfassungen am besten geeignete Sorte *Buxus sempervirens* 'Suffruticosa'. Bislang gibt es für erkrankte Pflanzen keine Heilung, weswegen sie komplett gerodet werden müssen. Doch dieser Pilz ist nicht der Einzige, der dem Buchsbaum das Leben schwer macht. Über 20 Schaderreger sind es inzwischen, 2007 ist ein weiterer hinzugekommen: die Raupen des nachtaktiven Falters des Buchsbaumzünslers. In wenigen Tagen kann diese Raupe ganze

Bild oben: Rahmweiße Schirmrispen und knallrote Früchte charakterisieren den heimischen Schneeball *(Viburnum opulus)*. Steht er zu trocken, wird er im Austrieb häufig von Blattläusen befallen.

Bild rechts: Feuerdorne *(Pyracantha)* sind wintergrüne Sträucher mit dornigen Zweigen.

Grünanlagen komplett zerstören. In Österreich wurde sie bislang (Stand: 2010) in der Steiermark, in Vorarlberg sowie in Niederösterreich gesichtet, in den Schweiz in den Kantonen Basel, Zürich, St. Gallen, Schaffhausen und im Thurgau. In Deutschland ist bereits der gesamte Süden von ihr betroffen; Fachleute gehen davon aus, dass die Raupe in wenigen Jahren ganz Südwestdeutschland besiedelt haben wird. Die einzige Abhilfe ist ein ständiges und gewissenhaftes Überprüfen der Pflanzen. Bei geringem Befall können die Raupen abgesammelt, bei starkem Befall muss gespritzt werden.
Hobbygärtner, denen ein solcher Aufwand zu viel erscheint, sind besser beraten, die Hände vom Buchsbaum zu lassen. Nicht nur wegen der Krankheitsprobleme. Während die Kugelform

Bild oben: Kombiniert mit der geometrischen Form des Hauses, kann dieser rundkronige Trompetenbaum seine ganzen Vorzüge ausspielen.

nicht allzu schwer zu bewerkstelligen ist, verlangt der Schnitt der beliebten Buchseinfassungen Fingerspitzengefühl und ein gutes Timing, denn ein zu tiefer Schnitt bei starkem Sonnenschein lässt sofort unansehnliche Lücken im grünen Blattgefüge klaffen. Da der Buchsbaum sehr langsam wächst, kann es mitunter Jahre dauern, bis sich diese Lücken wieder schließen. Doch glücklicherweise gibt es gute Alternativen zum Buchs, z. B. die Stechpalme *Ilex crenata* und *Ilex aquifolium*. Für niedrige Einfassungshecken eignen sich vor allem die Sorten *Ilex aquifolium* 'Heckenzwerg', die kleinwüchsige Eibe *Taxus baccata* 'Kleiner Grüner' oder die Thuje *Thuja occidentalis* 'Tiny Tim'.

Kleinwüchsige Bäume und Sträucher

Standortgerecht, pflegeleicht und doch originell, das sind die Auswahlkriterien, nach denen sich die Zusammenstellung geeigneter Gehölze richten sollte. Pflegeleichte Gehölze sind solide frostfest, benötigen kaum oder bestenfalls gar keinen Schnitt und sind aufgrund ihrer eher geringen Größe auch für kleinere Gärten geeignet. Einen Extrapunkt erhalten sie für ihre schöne Frühjahrs- oder Sommerblüte.
Die Entscheidung zwischen Hausbaum und Strauch hängt von der Größe des Gartens ab. Ihre Wirkung entfalten beide dann am besten, wenn sie durch keine Schnittmaßnahmen verunstaltet wurden, sprich: wenn sie sich nach oben und zur Seite hin uneingeschränkt ausbreiten dürfen. Da in den wenigsten Gärten heutzutage genug Platz für eine ausladende Edelkastanie vorhanden ist, ist es ratsam, die Auswahl auf kleinkronige Bäume, eventuell auch mit Dachform, zu beschränken.
Beim Setzen von höher wachsenden Bäumen sollte darauf geachtet werden, sie nicht zu nahe am Haus oder direkt vor ein Fenster zu platzieren. Laubfall kann Dachrinnen verstopfen, die mühselig wieder gereinigt werden müssen; direkt vor die Fenster gepflanzte Bäume werfen Schatten, was die Stromkosten für die Beleuchtung ansteigen lässt. Ein zu aggressives Wurzel-

Bild oben: Die Gattung *Acer* (Ahorn) umfasst ca. 150 Arten. Charakteristisch sind die zackige Blattform und ihre schillernde Herbstfärbung.

Bild links: Um Haselsträucher zu verjüngen, werden sie alle zwei bis drei Jahre an der Basis bodeneben abgeschnitten.

wachstum kann schlimmstenfalls Wegbeläge zum Aufplatzen bringen oder das Hausfundament angreifen.

Allerdings kann auch der Baum durch das Haus in Mitleidenschaft gezogen werden. Ein zu nahe am Haus gepflanzter Baum kann im Winter Opfer von Dachlawinen werden. Bei hoher Schneelast wird schlimmstenfalls die halbe Baumkrone mitgerissen.

Auch bei der Kugelform muss die Endgröße der Krone im Auge behalten werden. Manche Bäume, z. B. *Acer platanoides* 'Globosum', können so breit wie hoch werden. Zudem ist der Kronenansatz der Kugelform nicht festgelegt und kann von Baumschule zu Baumschule variieren. Werden sie parallel zu Zufahrten gepflanzt, daher unbedingt die Durchfahrtshöhe kontrollieren.

Bei Sträuchern bietet sich an, sie etwas weiter auseinanderzupflanzen und die Zwischenräume mit Stauden zu füllen, als viel Zeit und Arbeit auf einen ständigen Rückschnitt zu verwenden. Einige Sträucher, so z. B. die Kerrie *(Kerria japonica),* haben einen starken Ausbreitungsdrang. Ohne Wurzelsperre sind sie kaum in Schach zu halten. Bogig überhängende Blütensträucher wie Forsythien und Kolkwitzien müssen mit genügend Abstand zum Weg gepflanzt werden, da sonst ständige Rückschnittaktionen anstehen, die den arttypischen Wuchs zerstören.

Wie wird gepflanzt?

Die beste Pflanzzeit für Gehölze und die meisten Stauden ist der Frühherbst. Jetzt ist der Boden noch warm und dank der Herbstregen nicht zu trocken. Dies gibt den Pflanzen reichlich Zeit, anzuwurzeln und sich für die kommende Saison in die Startlöcher zu stellen.

Verdichtete Böden werden bis zu 30 cm tief gelockert, entweder von Hand oder maschinell mithilfe einer Fräse. Um die Bodenstruktur von sandigen Böden zu verbessern, wird Kompost

Bild oben: Was hier in weißer Pracht das Blattwerk überzieht, sind nur Scheinblüten. Gleichwohl ist die Frühsommerblüte des Blumen-Hartriegels, wie hier auf der Insel Mainau, ein großartiger Anblick.

Bild oben: Strauchkandidat für den Hausgarten: Scheinhasel *(Corylopsis pauciflora)*, passenderweise auch Schlüsselblumenstrauch genannt.

mit ins Pflanzloch gegeben; schwere tonige Böden können durch das Einbringen von mineralischem Lockermaterial wie grobem Sand, Kies oder Lavagranulaten durchlässiger gemacht werden.
Vor der Pflanzung sind unbedingt alle Wurzelunkräuter zu entfernen. Verzögert sich der Pflanzzeitpunkt und liegt die vorgesehene Fläche brach, empfiehlt es sich, Gründüngungspflanzen wie Phacelia oder Buchweizen (bzw. die entsprechenden Mischungen) einzusäen. Sie verbessern die Bodenqualität, düngen den Boden und verhindern das Aufkommen von Samenunkräutern. Achten Sie darauf, die Pflanzen vor Samenreife abzumähen, um eine Selbstaussaat zu vermeiden.
Beim Setzen von Stauden und Gehölzen ist wichtig, dass das Pflanzloch circa doppelt so groß ist wie der Erdballen. Dieser muss schön durchfeuchtet sein, bevor er ins Erdloch gesetzt wird. Ist der Ballen von Container- oder Topfpflanzen sehr stark durchwurzelt, sollte das Wurzelgeflecht mit den Fingern oder einer Schere gelockert werden. Wenn die Wurzeln die Form des Gefäßes beibehielten, würden sie wochenlang weiter im Kreis wachsen und kaum in den umgebenden Boden vordringen.

Bild oben und unten: Auch Sternmagnolie *(Magnolia stellata)* und Tulpenmagnolie *(Magnolia soulangiana)* schmücken den Garten und erfreuen mit duftenden Blüten.

Bild oben: Der Gefüllte Schneeball (*Viburnum opulus* 'Roseum') schätzt einen nicht zu trockenen, humosen Boden. Empfehlenswert ist, den Wurzelbereich mit einer Mulchschicht abzudecken.

Vergraben Sie die Pflanzen nicht zu tief im Loch, sondern setzen Sie sie mit der Oberkante des Erdballens auf die gleiche Höhe wie das Pflanzloch. Das Erdloch dann wieder auffüllen und gut festtreten. Gerade bei sehr warmer Witterung ist unbedingt darauf zu achten, dass das Erdreich gleichmäßig feucht gehalten wird.

- Die richtige Tiefe von wurzelnackten Pflanzen ist an dem Farbwechsel am Übergang von der Wurzel zum oberirdischen Holz zu erkennen.
- Falls Ballenpflanzen durch ihr Eigengewicht oder durch Regenfälle absacken, müssen sie herausgenommen und etwas höher neu gepflanzt werden.
- Besser zu hoch als zu niedrig pflanzen – gerade Pfingstrose *(Paeonia)* und Schwertlilien (*Iris-germanica*-Gruppe) sind da ziemlich heikel.

Bild oben: Mit ihr beginnt die Gartensaison: Die Blütezeit der Zaubernuss *(Hamamelis)* kann bei frühen Sorten schon im Dezember beginnen.

Erstere bilden zwar reichlich Blätter, aber keine Blüten, bei Zweiteren drohen die Rhizome zu verfaulen.

Bambusgarten

Mit Bambussen lässt sich ein kleines Fleckchen Asien im eigenen Garten gestalten. Hier säuselt der Wind sanft in den Blättern, Halme biegen sich elegant unter ihrer Schneelast, das Laub ist immer grün und die Hecke garantiert blickdicht. Doch Bambus ist nicht gleich Bambus. Allein innerhalb der zwei Hauptgruppen, *Phyllostachys* und *Fargesia*, gibt es schier unzählbar viele Vertreter mit höchst unterschiedlichen Vorlieben in puncto Standort, Licht und Wärme. Die Gefahr eines Fehlkaufes ist hoch. Letzten Endes ist man am besten beraten, wenn man sich von einem auf Bambuspflanzen spezialisierten Betrieb beraten lässt.
Der Segen des großen Grases, seine Eleganz und Leichtigkeit, wird schnell zum Fluch, wenn eine wuchernde Sorte ohne Ausläufersperre eingepflanzt wird. Die Rhizome mancher Bambusarten sind so wuchskräftig, dass sie sich sogar durch Asphalt bohren können. Wer beim Setzen den Einbau aus Kostengründen unterlässt, wird es spätestens dann bitter bereuen, wenn sich sein *Phyllostachys parvifolia* im Nachbargarten breitgemacht hat und der Landschaftsgärtner die Wurzelausläufer mit dem Minibagger ausgraben muss. Im Gegensatz zu *Phyllostachys* sind die *Fargesia*-Exemplare weniger hemmungslos in Sachen Wachstum und kommen in der Regel ohne Bambussperre aus.
Als Rhizomsperre kommen nur solche Materialien infrage, die aus 2 mm dicken Werkstoffen hergestellt sind. Teichfolie oder andere Restmaterialien aus dem Keller sind absolut ungeeignet. Die Rhizomsperre sollte mindestens 70 cm tief sein. Beim Einbau wird sie kreisförmig um das Beet gelegt und mit einer Sicherheits-Verbindungsschiene an den Enden verschraubt. Nachdem sie eingegraben wurde, sollte sie ca. 10 cm über dem Boden herausschauen, sodass die Rhizome nicht darüberwachsen können.

Alle durch eine Rhizomsperre »in Gefangenschaft« lebenden Bambusse benötigen ausreichend Nahrung – vergessen Sie also das Düngen nicht. Anstelle von mehreren kleinen eingefassten Beeten bietet es sich an, eine große Fläche mit der Rhizomsperre zu umfassen. Je größer die eingegrenzte Fläche ist, desto höher wachsen die Pflanzen – und desto winterhärter sind sie. Auch wenn Sie Ihren Bambus also nicht winterfest einpacken müssen, sollten Sie im Winter eines beachten: Bei großer Schneelast empfiehlt es sich, die Halme zu schütteln, sodass sie vom Gewicht des Schnees befreit werden und nicht abknicken.

Bild ganz oben: Wird keine Bambussperre eingebaut, können sich die Rhizome mancher Bambusarten bis zum Nachbarsgarten ausbreiten.

Bild oben: Der bodendeckende Bambus *(Pleioblastus pygmaeus* var. *distichus)* breitet sich schnell stark aus.

Pflanzkombinationen

Zeitsparendes Gärtnern fängt ab dem Moment an, wenn eine schön anzusehende Rabatte mit einem Minimum an Arbeit auskommt. Dies ist dann der Fall, wenn die Zusammenstellung der Pflanzen mustergültig auf die natürlichen Verhältnisse und auf den jeweiligen Beetnachbarn eingestellt ist. Zusätzlich zu Boden- und Lichtbedingungen ist also auch die Nachbarschaft entscheidend. Da halten es Pflanzen ganz wie Menschen: An manchem Kompagnon hängt ihr Herz, ein anderer weckt in ihnen den unablässigen Wunsch zu fliehen.
Neben der klassischen Kombination von blühenden Stauden und Gehölzen hat sich in den letzten Jahren bei der Zusammenstellung pflegeleichter Partner ein neuer Trend hervorgetan, der die Thematik sehr progressiv und unorthodox angeht: die Staudenmischpflanzung nämlich.

Pflegereduzierte Staudenkombinationen

Das Konzept der Staudenmischpflanzung ist das Ergebnis mehrjähriger Versuchsreihen durch Universitäten und Institute in Deutschland und der Schweiz. Der Anspruch an die Staudenmischpflanzungen ist ein ganz simpler: Ganzjährig schön anzuschauen sollen sie sein und nur ein Minimum an Arbeit erfordern. Dies

Bild oben: Vorab zusammengestellte Staudenmischungen wie hier »Pink Paradise« gelten als Paradebeispiel pflegereduzierter Pflanzungen.

Bild unten: Von Rosa zu Rot zu Violett: In der Staudenmischung »Pink Paradise« sind alle Varianten der Farbe Lila vertreten. Im Vordergrund der Prachtstorchschnabel (*Geranium* x *magnificum* 'Rosemoor') und die Blütenstände des großblütigen Garten-Ziest (*Stachys grandiflora* 'Superba').

wird dadurch erreicht, dass sich die verschiedenen Arten mit ihren speziellen Lebensformen, Wuchshöhen und Ausbreitungstendenzen zu einem selbstregulierenden, pflegeextensiven System ergänzen. Im Klartext heißt das: Wurde eine standortgerechte Staudenmischung ausgesucht und der Boden hinlänglich vorbereitet, reduziert sich der Aufwand der Pflege auf fünf bis zehn Minuten pro Quadratmeter – pro Jahr! Für pflegemüde Gartenneulinge muss dies wie die Verheißungen des Gelobten Landes klingen. Eine Einschränkung allerdings gibt es: Staudenmischpflanzungen eignen sich nur für solche Hobbygärtner, die bereit sind, sich mit den Pflanzen, ihrer Pflege und ihren artspezifischen Eigenschaften auseinanderzusetzen. Als geschlossenes System brauchen die Mischpflanzungen zwar nur wenig, dafür aber umso qualifiziertere Pflege. Anstatt automatisch ans Jäten der Fläche zu gehen, sollte man sich in die Dynamik der Pflanzung einfühlen und überlegen, welche Sämlinge für die Verjüngung oder zum Schließen entstandener Lücken tolerierbar

sind. Daher werden die Staudenmischungen eher als »pflegereduziert« denn »pflegeleicht« betrachtet.
Dies ist die Herausforderung der Staudenmischpflanzungen, doch dadurch gewinnen sie auch ihre Individualität. Letzten Endes basieren sie auf einer sehr viel natürlicheren, weniger vorgefertigten oder geplanten Vorstellung von Ästhetik als klassische Pflanzkombinationen. Selbst das Erstellen eines aufwendigen Bepflanzungsplanes entfällt. Die Pflanzen werden einfach nach Lust und Laune über das Gelände verteilt, beginnend mit der Art, die die geringste Stückzahl aufweist. Das Bepflanzen kleiner Flächen ist grundsätzlich möglich, doch erst ab einer Flächengröße von 30 m² können die meisten Staudenmischungen all ihre Vorzüge am schönsten ausspielen.
Gemischte Staudenpflanzungen imitieren die Zustände, die in artenreichen Wiesen anzutreffen sind. Damit die Pflanzung diesem Ziel möglichst nahekommt, muss Folgendes beachtet werden:

- Den Boden nicht düngen und darauf achten, dass er frei von Wurzelunkräutern ist.
- Niemals Rindenmulch oder Häckselmaterialien in die Staudenmischpflanzungen legen. Denn das Verrotten des Mulchs setzt Nährstoffe frei, die zu Unkrautwuchs führen. Stattdessen mulchen Sie am besten nach dem Setzen der Pflanzen mit mineralischem Material. Zur Auswahl stehen dabei Splitt (gebrochenes, kantiges Material), Kies (rundes Material) der Körnung 2–8 mm, 8–12 mm oder 8–16 mm (die Schicht sollte mindestens 5–7 cm dick sein) sowie gewaschener Sand der Körnung 2–4 mm (Schichtdicke 8–10 cm). Dieses Material hält die Feuchtigkeit im Boden und verhindert das Keimen von unerwünschten Beikräutern. Gegebenenfalls muss nach einigen Jahren nachgemulcht werden.
- Als Mineralmulch geeignete Materialien bzw. Gesteine sind Kalksplitt, Lava, Basalt, Porphyr (grundsätzlich alle gebrochenen und möglichst örtlich abgebauten Hartgesteine). Letzteres bietet Kostenvorteile, da der Transport häufig den größten Teil des Preises ausmacht.
- Achten Sie auch nach der Pflanzung darauf, dass kein Unkraut Fuß fasst – während der Vegetationsperiode also zwei- bis viermal jäten. Wichtig: nicht hacken, da dies die Ent-

Bild oben: Staudenmischungen haben zu jeder Jahreszeit ihren eigenen Reiz. Beim »Blütenschleier« dominieren im Juni die Farben Gelb und Blau …

Bild oben: … nur zwei Monate später eine ganz andere Optik: Im Vordergrund die verblühten Blütenstände von *Achillea clypeolata* 'Schwellenburg'.

wicklung der Stauden stört und das Wachstum neuer Unkräuter fördert. Unkräuter stattdessen mit dem Unkrautstecher entfernen.

- Die Partnerschaftsverhältnisse zwischen den Pflanzen der einzelnen Mischungen sind bis ins kleinste Detail durchdacht. Bei der Zusammenstellung der Arten für Ihren Garten sollten Sie sich daher an die exakte Sortenbezeichnung halten oder sich bei der entsprechenden Stelle nach Alternativsorten erkundigen.
- In der Anwachsphase, d.h. 6–8 Wochen nach Pflanzung, ist Gießen unerlässlich. Danach, während der ersten Vegetationsperiode, wird nach Bedarf gewässert, ab der zweiten Vegetationsperiode ist ein zusätzliches Wässern meist nicht mehr notwendig, außer in extremen Trockenperioden.
- Ist die Mischung schön eingewachsen, sollten Sie darauf achten, dass manch eine wuchsfreudige Art sich nicht allzu breitmacht. Ggf. also zurückschneiden oder Teile mit dem Spaten ausstechen.
- Die empfohlene Anzahl an Blumenzwiebeln und -knollen ist sehr hoch. So wird bei der Mischung »Pink Paradise« für eine Fläche von 100 m² eine Stückzahl von 1500 Krokussen angegeben. Dies lässt sich dadurch erklären, dass das Areal schon ab März flächendeckend begrünt sein soll. Während sich die Blumenzwiebeln ab April dann langsam zurückziehen, werden sie quasi im fliegenden Wechsel durch die Sommerstauden ersetzt.

Bild oben: »Silbersommer« ist eine der Mischungen, die für trockene, durchlässige Böden in sonnigen Lagen konzipiert wurden.

Staudenmischpflanzungen für sonnige und trockene Standorte

Freunde knalliger Farben werden Gefallen an der Perennemix©-Mischung »Blütenschleier« finden, die 1999 an der Hochschule Anhalt in Bernburg entwickelt wurde. Das Spektrum der im Durchschnitt 40 cm hohen Stauden changiert von Gelb und Blau im Frühjahr über Hellgelb und Violett bis zu Silber im Herbst. Sie eignet sich für sonnige Standorte auf trockenen, durchlässigen Böden, auch auf Schotter. Im Spätwinter sollte sie bodeneben abgeschnitten werden; zusätzlich kann im Juni ein Schnitt auf 15 cm stark eingewachsene Vegetation wieder auflockern.

Wichtig für das Gelingen des »Blütenschleiers« ist, dass die Böden nicht zu nährstoffreich sind. Das Mähgut daher besser entsorgen und bei schweren Böden zusätzlich eine Strukturverbesserung mit Splitt (Körnung 8–16 mm) oder Sand (Körnung 2–8 mm) vornehmen. Beste Voraussetzungen gibt man den Pflanzen dann, wenn ein Teil der obersten Humusschicht durch Splitt ersetzt und die Pflanzung mit einer zusätzlichen Schicht gemulcht wurden.

Ebenfalls für trockene, gut durchlässige Böden in sonnigen Lagen geeignet ist die Mischung »Silbersommer«. Sie wurde vom Arbeitskreis Pflanzenverwendung im Bund deutscher Staudengärtner (BdS) konzipiert und erhielt 2006 den Innovationspreis Gartenbau des Bundesministeriums für Ernährung, Landwirtschaft und Verbraucherschutz. Hier treffen blaue, weiße, gelbe und magentarote Blüten auf silbriges Laub und vielfältigen Blattschmuck. Insgesamt 30 Arten gedeihen in der ca. 70 bis 100 cm hohen Mischung. Damit »Silbersommer« seine volle optische Wirkung ausspielen kann, sollte die Pflanzfläche eine Größe von 30 m² nicht unterschreiten. Als Faustmaß gelten acht Pflanzen sowie 20 Zwiebeln pro Quadratmeter. Bevor die Zwiebelpflanzen im Spätwinter austreiben, sollten alle Pflanzen komplett bodennah zurückgeschnitten werden. Eine Ausnahme bildet das Ziergras *Festuca mairei*, das nur auf

Bild oben: Nicht ganz so trocken sollte die Mischung »Präriesommer« stehen. Sie eignet sich für Areale, die mindestens 20 m² groß sind.

Gut zu wissen

Alternativen

Die vorgestellten Mischungen sind nur sechs von insgesamt 29 Mischungen für die unterschiedlichen Anwendungen und Standorte. Weitere Informationen zu den Staudenmischpflanzungen bieten der Bund deutscher Staudengärtner, die LWG Veitshöchheim, der Schau- und Sichtungsgarten Hermannshof e.V., die Hochschule Wädenswil (Schweiz), die Hochschule Anhalt sowie die LVG Erfurt. Über www.stauden.de sind sämtliche Listen der Mischungen abrufbar. Hier lässt sich auch in Erfahrung bringen, über welche Staudenfachbetriebe sie bezogen werden können.

20 cm gekürzt wird. Außerdem wird eine 5–7 cm dicke mineralische Mulchschicht aus Splitt oder Kies (Körnung 8–16 mm) empfohlen.

Staudenmischpflanzung für sonnige und mäßig trockene bis frische Standorte

An den Charakter einer Sommerwiese angelehnt ist die Staudenmischung »Präriesommer«. Sie wurde von Cassian Schmidt im Schau- und Sichtungsgarten Hermannshof in Weinheim konzipiert und eignet sich für nicht zu trockene Böden mit ausreichend Lehmgehalt. Für magere, mineralische Schotter- oder Kiessubstrate ist »Präriesommer« ganz klar ungeeignet.

Mit einer Höhe zwischen 80 und 120 cm und einem Farbspektrum aus Rosa, Purpur und Weiß hat sie eine natürliche, nahezu romantische Ausstrahlung.

Im ersten Jahr muss mit vier bis sechs Pflegegängen (sieben bis zehn Minuten pro Quadratmeter und Jahr) gerechnet werden, in den Folgejahren mit zwei bis drei Pflegegängen (ca. fünf bis sechs Minuten pro Quadratmeter und Jahr). Dazu die Stauden im Spätwinter bodennah zurückschneiden sowie das Schnittgut entsorgen.

Wässern wird im ersten Jahr nach Bedarf empfohlen, danach ist ein Gießen nur noch in Trockenperioden nötig. Die Pflanzflächengröße beginnt bei 20 Quadratmetern, optimal sind sieben Pflanzen und zehn Zwiebeln pro Quadratmeter.

Staudenmischpflanzung für sonnige und feuchte Standorte

Feuchter und lehmiger, sogar ein wenig schattig mag es die Mischung »Pink Paradise«. Auch gegen einen gelegentlichen Regenschauer hat sie nicht das Geringste einzuwenden. Sie wurde an der Zürcher Hochschule für Angewandte Wissenschaften in Wädenswil konzipiert. Hier ist das Leitmotiv – der Name verrät es – die Farbe Rosa, die in allen Variationen vertreten ist

Bild oben: Stattliche Statur, ornamentaler Blattschmuck und lange Blütenähren: Der Bärenklau *(Akanthus)* zeigt sich wahrlich königlich.

Bild oben: Rosa Fackel trifft auf blaues Röckchen: Schlangen-Wiesenknöterich (*Persicaria bistorta* 'Superba') und Akelei *(Aquilegia vulgaris)*.

und deren Wirkung durch rotlaubige Stauden verstärkt wird.
Als Arbeitszeitbedarf können Sie von acht Minuten pro Quadratmeter ausgehen, und das ca. vier- bis sechsmal im Jahr. Die Stauden – außer den Gräsern – werden im Spätwinter eine Handbreit über dem Boden zurückgeschnitten, manche Stauden dann individuell im Sommer. Als Mindestgröße für die Pflanzung gilt eine Fläche von 30 m², pro Quadratmeter werden sechs Pflanzen und 37 Zwiebeln empfohlen.

Staudenmischpflanzung für trockene und leicht schattige Standorte

Gehölzränder oder Hauswände unter vorstehenden Giebeln – das sind höchst ungünstige Voraussetzungen für einen dauerhaften Blütenflor. Doch mit der an der Hochschule Anhalt in Bernburg entwickelten Mischpflanzung »Exotischer Blütenwandel« lassen sich selbst diese Standorte begrünen. Hier ist es die Farbe Gelb, die das Grundthema vorgibt und schattige Gartenbereiche aufhellt.
An Arbeitszeit muss ab dem zweiten Jahr mit knapp drei Minuten pro Quadratmeter pro Jahr gerechnet werden (bodennahe Komplettmahd im Spätwinter). Empfohlen werden zehn Pflanzen und 25 Zwiebeln pro Quadratmeter.

Gemischte Staudenrabatten

Wenn Sie das Konzept der vorgestellten Staudenmischpflanzungen zu wenig überzeugt oder wenn Sie bereits eine bepflanzte Rabatte haben, bei der eigentlich nur noch das ein oder andere Farbtüpfelchen fehlt, dann können Sie den klassischen Weg der gemischten Staudenrabatte gehen.
Unter »gemischte Staudenrabatte« versteht man ein Pflanzkonzept, bei dem verschiedene mehrjährige Stauden großflächig mit Gehölzen kombiniert werden. Doch welche Pflanzen eignen sich besonders, wenn der zeitliche Rahmen für ihre Pflege sehr knapp bemessen ist?

Bild ganz oben: Kaum ein Bodendecker bildet so schöne Teppiche wie der Garten-Beinwell *(Symphytum grandiflorum)*.

Bild oben: Weiß blühende Herbstanemone und lila Kissenaster im farbwirksamen Zusammenspiel.

Bild oben: Für Mäuse sind frische Tulpenzwiebeln eine Delikatesse. Schutz vor unerwünschtem Nagerfraß bieten Draht- oder Plastikkörbe.

Eine Checkliste mit Ausschlussverfahren für die richtige Pflanzenwahl könnte folgendermaßen aussehen:

- Ist die Winterhärte der Pflanze auch für meine Region ausreichend?
  - Ausschlusskriterium für viele mediterrane Pflanzen
- Ist die Pflanze an die speziellen Gegebenheiten in meinem Garten angepasst?
  - Ausschlusskriterium für eine nicht zum Standort passende Bepflanzung
- Breitet sie sich aus, ohne andere zu verdrängen?
  - Ausschlusskriterium für manche Bodendecker, z. B. Efeu *(Hedera hibernica)*
- Muss die Pflanze gestützt werden, oder steht sie von selbst?
  - Ausschlusskriterium für Dahlien
- Muss sie gebunden werden, oder klettert sie von selbst?
  - Ausschlusskriterium für Spreizklimmer wie Brombeeren
- Verträgt sie einen kräftigen, nicht allzu professionellen Rückschnitt?
  - Ausschlusskriterium z. B. für Buchs
- Ist sie robust, oder muss sie mit Mitteln gegen Pilze oder Schädlinge behandelt werden?
  - Ausschlusskriterium für manche Rosensorten
- Knabbern Tiere gerne an ihr?
  - Ausschlusskriterium für Tulpen, falls es Wühlmäuse im Garten gibt
- Ist sie anfällig für Schneckenfraß?
  - Ausschlusskriterium z. B. für Funkien
- Ist sie langlebig und kann sie an der gleichen Stelle jahrelang stehen, ohne im Winter herausgenommen werden zu müssen?
  - Ausschlusskriterium für das Indische Blumenrohr *(Canna)*

Anhand dieses Fragenkatalogs lässt sich die Auswahl an möglichen Pflanzen recht zügig auf diejenigen begrenzen, die auch ohne viel Pflege ein grünes Highlight im Garten sein können. Die geeignete Pflanze wäre somit solide winterfest und perfekt an die speziellen Standortbedingungen Ihres Gartens angepasst. Sie würde nicht wuchern, müsste nicht gestützt werden, wäre unattraktiv für Pilze und tierische Schädlinge und könnte ohne größeren Schaden einen unprofessionellen Schnitt verschmerzen. Dass sie zusätzlich schön anzuschauen ist, ist natürlich Voraussetzung.

Bei der Zusammenstellung gemischter Blumenrabatten darf man sich ganz im Farben-, Blüten- und Blattstrukturreichtum unserer Gartenpflanzen austoben. Manche Gestalter konzentrieren sich auf eine spezielle Farbe, andere wiederum auf die Verwendung interessanter Blatt- und Wuchsformen. Um eine ausgewogene, räumliche Anordnung im Beet zu erhalten, gelten folgende Grundregeln: Als Gerüstbildner werden als Erstes Laub- und immergrüne Gehölze an markanten Stellen eingeplant. Große Pflanzen finden ihren Platz im Hintergrund oder, wenn das Beet eine rundliche Form hat, in der Mitte des Beets. Sie werden einzeln oder in kleinen Gruppen gepflanzt. Kleinere und niedrige Arten sollten der Größe nach tuffweise um die höheren Arten gruppiert werden. Die sehr niedrigen, flächendeckenden Arten werden in großer Anzahl in den Vordergrund platziert. Ist die Pflanzendichte zu gering, muss Unkrautwuchs an offenen Stellen regelmäßig entfernt werden – was Zeit und Arbeit kostet. Bedenken Sie bei der Auswahl auch, dass viele Farben unruhig wirken. Beschränken Sie sich daher auf zwei oder drei Nuancen.

Ein weiteres Fehlerpotenzial besteht darin, die Gesamtzahl an Pflanzen zwar dem Quadratmeter anzupassen, die Pflanzen jedoch zu wild zu mischen, z. B. die Stückzahl pro Art in einer Gruppe zu gering zu bemessen. Hier werden sich die schwächeren Pflanzen gegen die konkurrenzstarken nur dann behaupten können, wenn ständig geschnitten und gezupft wird. Um vorausschauend den späteren Pflegeaufwand zu senken, sollten die jeweiligen Arten daher in größeren Gruppen gesetzt werden.

Bei der Pflanzung dürfen die Blumenzwiebeln nicht vergessen werden, die den Auftakt der Gartensaison bilden. Egal ob Tulpe, Narzisse oder Zierlauch, wichtig ist, dass sie so schnell als möglich nach dem Kauf in die Erde gesetzt werden, denn je frischer die Zwiebel, desto sicherer treibt sie aus. Das Faustmaß für die Mindesttiefe ist die doppelte Zwiebelhöhe. Am schönsten kommen sie zur Geltung, wenn sie in Gruppen von bis zu 10 Exemplaren gepflanzt werden.

Der Abstand zwischen den Zwiebeln sollte bei kleineren Vertretern der Zwiebelgewächse 3–7 cm, bei größeren 7–20 cm betragen. Immer mit der Spitze nach oben pflanzen! In humosen, lockeren Böden kann man sich dafür mit einem Zwiebelstecher behelfen. Der Boden sollte wasserdurchlässig und nicht zu nass sein, da sonst die Zwiebeln faulen. Ist er zu hart, bietet sich anstelle des Zwiebelstechers der Spaten zum Graben des Pflanzlochs an.

Wird Ihr Garten von Mäusen frequentiert, lohnt es sich, die Zwiebeln von Tulpen und Kaiserkronen gegen Mäusefraß zu schützen, indem sie in einen Draht- oder Plastikkorb gepflanzt werden.

Bild oben: Viele Tulpensorten eignen sich zum Verwildern. Früh blühende Sorten können in Blumenwiesen gesetzt werden. Die komplett vertrockneten Blätter werden beim ersten Rasenschnitt gemäht.

Und für gelbes Tulpen- oder Narzissenlaub gilt: erst abschneiden, wenn es nach der Blüte komplett verdörrt ist. Dies gewährleistet am ehesten, dass die Zwiebel im Folgejahr wieder schön austreibt.

Rosen

Erfolgt die Gestaltung der Beete nicht ausschließlich durch Stauden oder Gehölze, dann ist der Moment für die »Königin der Blumen« gekommen, die Rosen. Sie gehören zu den ältesten Kulturpflanzen der Gartenbaugeschichte, und kaum eine andere hat im Laufe ihres Werdegangs so viele unterschiedliche Facetten entwickelt wie sie – oder wurde von Dichtern und Sängern so häufig besungen. All dies nicht ohne Grund, denn als wahrhaft schöne Wesen sind Rosen nicht nur hübsch anzuschauen, sondern haben auch tiefe innere Werte. Viele duften herrlich und sind unermüdliche Blüher, die mit dem Moment, in dem sie im Frühsommer erstmals ihre Blütenblätter öffnen, bis zum ersten Frost beständig Knospen treiben. Sie können als Bodendecker verwendet werden oder als Heckenersatz, und manch eine ist solch ein ungebremster Kletterer, dass sie mehr als zehn Meter pro Saison in die Höhe schießt. Ihre Blüten werden als Parfümessenz genutzt, in Marmelade eingelegt und für die Vase geschnitten. Aber sie sind Diven, und wie es sich für eine wahre Diva gehört, sind sie prätentiös. Kaum eine andere Pflanzengattung wird von so vielen Krankheiten heimgesucht wie die Rose. Wird einmal vergessen, gegen Sternrußtau zu spritzen, nimmt sie dies dem nachlässigen Gärtner bis zum Ende der Gartensaison übel und lässt im schlimmsten Falle alle Blätter fallen. Kahl, mit ein paar Restchen von Blütenknospen geschmückt, steht sie dann da und insistiert auf mehr Zuwendung. Doch hat man als zeitgeplagter Rosenliebhaber immer die Muße, sich um die Wehwehchen der anspruchsvollen Primadonnen zu kümmern? Sicherlich nicht. Was aber noch lange nicht heißt, komplett auf die Schönheit der Rosen im eigenen Garten verzichten zu müssen. Durch ein paar gezielte Maßnahmen lässt sich das Zusammenleben mit den anspruchsvollen Schönen erleichtern.

Bild oben: Schön, aber zickig: Rosen nehmen es dem Gärtner schnell übel, wenn ihnen nicht genug Aufmerksamkeit geschenkt wird.

Da wäre einmal die Sortenwahl. Glücklicherweise gibt es einen »TÜV« für Rosen, das sogenannte ADR-Zeichen (Anerkannte Deutsche Rose). Dieses Zertifikat wird von einem Arbeitskreis vergeben, der sich aus dem Bund deutscher Baumschulen (BdB), Rosenzüchtern und unabhängigen Prüfungsgärten zusammensetzt. Getestet werden Merkmale wie Winterhärte, Wirkung der Blüte, Duft oder Wuchsform, aber auch die Widerstandsfähigkeit. Nur jene Rosen erhalten das ADR-Zeichen, die ohne Pflanzenschutzmittelbehandlung ihren Zierwert über einen längeren Zeitraum hinweg beibehalten. Beim Kauf neuer Rosen lohnt es sich also, auf das ADR-Zeichen zu achten bzw. in der Baumschule gezielt danach zu fragen.

Bild oben: Auch für Rosen gibt es einen »TÜV«: Das ADR-Zeichen (Anerkannte Deutsche Rose) erhalten nur widerstandsfähige Rosen, die ohne Einsatz von Pflanzenschutzmitteln einen langen Zierwert haben.

Gerade bei Rosen ist es wichtig, die Vorlieben der einzelnen Pflanzen hinsichtlich des Bodens und vor allem des pH-Werts zu prüfen. *Rosa pimpinellifolia* beispielsweise liebt kalkhaltige Böden, *Rosa rugosa* hingegen meidet ihn. Eine nicht standortgerechte Pflanzung rächt sich durch krankhaft verfärbte (chlorotische) Blätter, die auf eine gestörte Nährstoffaufnahme hindeuten. Zur Sicherheit sollten Rosen nicht unter Bäumen gepflanzt werden, da der stete Tropfenfall von oben Pilzkrankheiten fördern kann. Krankes, herabgefallenes Laub unbedingt entsorgen! Bestenfalls wird es verbrannt oder auf den Restmüll gegeben. Bleibt es am Fuße der Rosen liegen, kann es im folgenden Jahr eine Neuinfektion auslösen. Auf den Kompost sollte es nur gegeben werden, wenn dieser fachgerecht geschichtet ist. Ist eine Rose eingegangen oder soll durch eine andere ersetzt werden, müssen Sie auch den Boden unbedingt weitläufig austauschen. Dazu die Erde auf eine Tiefe von 50 bis 60 cm ausheben, den Untergrund lockern und neue Gartenerde vermischt mit Kompost einfüllen. Gleiches ist der Fall, wenn am vorgesehenen Standort zuvor Brombeeren, Erdbeeren oder Äpfel standen.

Rosen schätzen freie und sonnige, unter Umständen auch halbschattige Standorte und tiefgründige Böden ohne Staunässe. Heiße, windstille Standorte, z. B. im Schatten von Gebäuden, sind für Rosen nicht geeignet.

Wie für jede Pflanze gilt auch für Rosen: Je kräftiger, desto weniger krankheitsanfällig sind sie – und desto pflegeleichter. Ihre Gesundheit wird dadurch gestärkt, dass Standort und Setzen, aber auch Schnitt und Düngung der Pflanze ideal ablaufen. Gartenneulinge sollten vorerst Edelrosen meiden, sondern ihre Bekanntschaft auf

Strauchrosen beschränken. Bei ihnen setzt der Schnitt kein ähnlich hohes Fachwissen voraus. Hier reicht es schon, wenn im Spätwinter die alten, vergreisten Triebe entsorgt und im Frühjahr die erfrorenen Triebe herausgeschnitten werden. Wildtriebe müssen entfernt werden, da sie die Pflanze schwächen. Sie lassen sich daran erkennen, dass sie anstelle von fünf sieben Fiederblättchen tragen und nicht blühen.

Im Herbst gepflanzte Containerrosen benötigen keine spezielle Düngergabe. Wurzelnackte Rosen erhalten als Grunddüngung 50–60 g Hornspäne pro Quadratmeter. Jede weitere Düngung ist erst dann nötig, wenn die Rosen austreiben. Die Wurzeln um etwa ein Drittel einkürzen und abgebrochene und schwache Triebe entfernen. Wichtig ist, dass die Veredlungsstelle 3–5 cm unter der Erdoberfläche liegt.

- Gerade bei Rosen deutet ein Befall mit Blattläusen häufig nicht auf einen Mangel, sondern vielmehr auf eine Überversorgung mit Nährstoffen hin. Um die Düngermengen genau zu dosieren, sollten Sie Bodenproben analysieren.
- Rosen nicht mit zu kaltem Wasser und nicht über die Blätter gießen. Dies kann zu Blattschäden führen.

Bild ganz oben: Clematis und Kletterrosen gelten als Dream-Team in der Gartengestaltung. Bei richtiger Sortenwahl blühen sie zeitgleich.

Bild oben: Eine Kugel aus Hunderten kleiner Sternblüten zeichnet den Zierlauch *(Allium)* aus.

Rosen und Lavendel sind übrigens alles andere als gute Pflanzpartner. Lavendel-Halbsträucher schätzen vollsonnige, nährstoffarme und trockene Standorte, die meisten Rosen hingegen nährstoffreiche, frische und durchlässige Böden. Werden sie dennoch kombiniert, ist es entweder der Rose zu heiß, weswegen sie schnell das Opfer von Spinnmilben wird, oder dem Lavendel zu kalt und matschig, was zu einem kümmerlichen Wachstum führt.

Bei der Kombination Rose und Bodendecker ist wichtig, dass die Rose einen freien Fuß hat, da ihr allzu große Nähe nicht wirklich behagt. *Vinca* oder *Waldsteinia* also immer kreisförmig um die Rose herum wegschneiden.

Die idealen Begleiter von Rosen sind solche Pflanzen, die bei gleichen Standortvorlieben gestalterisch ein Gegenstück bilden, und zwar entweder durch Laubstruktur, -farbe und -form oder aber durch ein außergewöhnliches Blütendesign. So sind die anspruchslosen Blaunesseln (*Agastache-rugosa*-Hybride 'Blue Fortune' oder 'Black Adder') mit ihren purpurblauen Blütenkerzen wie dafür geschaffen, sich neben rosa oder rot blühenden Rosen zu präsentieren. Das schimmernde, fein gefiederte Laub des Beifußes *(Artemisia pontica, Artemisia ludoviciana, Artemisia lactiflora)* bildet einen tadellosen Gegenpol zum dunkelgrünen Laub der Rosen, und auch der Steinquendel (*Calamintha nepeta* ssp. *nepeta* bzw. *Calamintha nepeta* 'Blue Cloud') bzw. die Katzenminze *(Nepeta cataria* ssp. *cirtiodora, Nepeta* x *faassenii)* erweisen jeder Rose dank ihrer Blühfreudigkeit einen unschätzbaren Dienst. Zu den höher wachsenden Rosenbegleitern gehören der Hohe Garten-Dost (*Eupatorium maculatum* 'Album', Höhe bis zu 180 cm), die aus Asien stammende graziöse Wiesenraute (*Thalictrum rochebrunianum*, bis zu 120 cm) oder der Kandelaber-Ehrenpreis (*Veronicastrum virginicum* 'Album'), der weiß blüht und 120 cm hoch wird.

Schneckenresistente Bepflanzung

Wenn es »natürliche Feinde« des pflegeleichten Gartens gäbe, dann wären dies wohl die Schnecken. Gerade die Nacktschnecken sind für ihre destruktive Fresssucht berüchtigt. Kaum ein Spross, Stiel oder Austrieb, der sich ihrer hungrigen Allmacht widersetzen könnte. In einer einzigen Nacht können sie die Salaternte einer ganzen Saison vernichten. Besonders gefürchtet ist die Spanische Wegschnecke. Mittlerweile gehört der Spanienimport zu den häufigsten Schneckenarten in Deutschland; Schätzungen gehen davon aus, dass bis zu zwölf Tiere pro m^2 Kulturfläche leben können.

Eigentlich kann nur von Schnecken unbehelligt gärtnern, wer bei der Zusammenstellung möglicher Pflanzen ein besonderes Augenmerk auf die »schneckenresistenten« Pflanzen (vgl. auch die Tabelle auf Seite 179 f.) legt. Für Schnecken ist nicht jede Pflanze gleich attraktiv. Alles, was weich ist und an Salat erinnert, zieht sie magisch an, während stark aromatisch duftende Pflanzen nicht wirklich ihren kulinarischen Vorlieben entsprechen. Eine 100%-Garantie allerdings gibt es nicht. Selbst eine als »absolut schneckenresistent« angepriesene Pflanze kann schnell mangels Alternative als Appetithäppchen herhalten müssen – Schnecken halten es da ganz nach dem Motto: »Im Notfall frisst der Teufel Fliegen«.

Bodendecker

Stellen Sie sich vor, auf jedem Stückchen offenem Boden in Ihrem Garten stünde ein kleines Schild, auf dem zu lesen ist: »Zimmer frei!«
So ähnlich präsentiert sich die Lage für Samenunkräuter auf Wohnungssuche. Unbedeckte

Bild oben: Bergenien sind gemütliche, anpassungsfähige Pflanzen, die trotz ihrer geringen Ansprüche mit rosa Blütentrauben aufwarten.

Bild oben: Die Chinesische Pfingstrose *(Paeonia lactiflora)*, darf nicht zu tief gepflanzt werden – ist sie fingerbreit mit Erde bedeckt, reicht das völlig.

Bild oben: Federgras, Eisenkraut und Salbei in perfektem Form-, Farb- und Texturzusammenspiel auf der Insel Mainau.

Humusflächen sind wie eine Einladung für Löwenzahn und Co., sich niederzulassen, aufzuquellen, zu wurzeln und sich breitzumachen. Das Ergebnis ist, dass Sie als Gärtnerin oder Gärtner Zeit (und Rückenschmerzen) darin investieren müssen, diese Unkräutlein wieder herauszuzupfen. Wildkräutersamen können übrigens höchst störrisch sein. Einmal jäten hat quasi gar keinen Effekt, sondern ist nur der Beginn einer Beziehung, die so lange andauert, bis das offen liegende Stück Erde durch andere Pflanzen oder Abdeckmaterial vor unerwünschtem Betreten geschützt wird.
Abhilfe schaffen da die sogenannten Bodendecker. Dieser Begriff bezeichnet nicht eine einzige spezielle Gattung von Pflanzen, sondern greift eine typische Eigenschaft verschiedener Arten heraus. Storchschnabel, Elfenblume, Spindelstrauch – all diese Pflanzen haben gemein, dass sie durch Ausläufer, Absenker oder durch Selbstaussaat dichte Matten bilden, die sich flächendeckend über ganze Gartenbereiche erstrecken. Als begehbare »Teppiche des Gartens« haben sie nicht nur die höchst willkommene Eigenschaft, Unkraut zu unterdrücken. Es sind genügsame Pflanzen, die ohne Murren

Bild oben: Klein wie eine Erbse, groß wie eine Untertasse – der Hauswurz *(Sempervivum)* ist ein echter Tausendsassa in Sachen Variationsreichtum.

Bild oben: Rosafarben und plüschig reckt die Zwergspiere (*Astilbe chinensis* 'Pumila') im Spätsommer ihre Federrispen empor. Auf halbschattigen Plätzen und nahrhaften Böden bildet sie dichte Teppiche.

Bild ganz oben: Zwei Klassiker unter den schattenliebenden Bodendeckern: Das blau blühende Immergrün *(Vinca minor)* …

Bild oben: … und die Elfenblume *(Epimedium pinnatum* ssp. *colchicum)*.

Gut zu wissen

Efeu als pflegeleichter Bodendecker?

Als Bodendecker hat Efeu zahlreiche Qualitäten: immergrün, rasch wachsend, unanfällig für Krankheiten, keine allzu hohen Standortansprüche oder Anschaffungskosten. Allerdings kann im pflegeleichten Garten gerade seine Wuchsfreude ein Problem werden. Die Ranken von Hedera hibernica beispielsweise wachsen bis zu 60 cm im Jahr. Wird er als Einfassungspflanze zwischen Wegen verwendet, wird man ihn in den Sommermonaten nahezu wöchentlich schneiden müssen, damit der Weg nicht unter seinen Ranken verschwindet. Auch Einfassungen wie Metallbänder oder Betontrennelemente überwuchert er – im Gegensatz zu Epimedium, Tiarella oder Alchemilla – problemlos.

an Extremstandorten wachsen, mit nur wenig Wasser zufrieden sind, sich durch anmutiges Laub hervortun oder durch eine farbenfrohe Frühlingsblüte. Überdies haben viele von ihnen die Fähigkeit, »Laub zu schlucken«: Während des Winters wirkt die Schicht aus herabgefallenen Blättern als Kälteisolation, und im Frühling wachsen die Pflanzen einfach durch das Laub hindurch, was den Effekt einer Gründüngung hat. Auch der Wurzeldruck umgebender Pflanzen stört die wenigsten.

Für den pflegeleichten Garten bedeutet all dies, dass hier gar nicht genug Bodendecker wachsen können. Denn im Gegensatz zum Rasen, der im weitesten Sinne ja auch ein »Bodendecker« ist, muss diese Gruppe von Pflanzen nicht gemäht werden. Eigentlich muss man gar nichts mit ihnen machen, sondern kann sie einfach wachsen lassen. Sogar abschneiden muss man sie nicht, denn entweder sind sie immergrün oder sie treiben einfach aus den abgestorbenen Partien neu aus. Ein weiterer Pluspunkt: Sie werden kaum oder gar nicht von Schnecken gefressen.

Fürs Pflanzen von Bodendeckern gelten die folgenden Regeln:

- Der Boden muss schön locker und unkrautfrei sein – vor allem von Wurzelunkräutern.
- Die Pflanzen nicht zu dicht setzen: Je nach Art des Bodendeckers wird mit einem Abstand von 20 bis 30 cm gepflanzt, d.h. neun bis höchstens 25 Pflanzen pro m^2.
- Nach erfolgtem Setzen wird zwischen den Pflanzen mit Rindenmulch (an schattigen Stellen) oder grobem Kies (in sonnigen Rabatten) gemulcht, um im ersten Jahr die Unkräuter fernzuhalten.

Bild oben: An einem (halb)schattigen Standort entwickelt sich der Wald-Geißbart *(Aruncus dioicus)* so prächtig wie hier auf der Insel Mainau.

Bild Mitte: Auf den samtigen Blättern des Frauenmantels *(Alchemilla)* haften Tautropfen lange.

Bild unten: Kissenastern der *Aster-dumosus*-Gruppe bilden weitverzweigte Tuffs, die einen sonnigen Standort mit reicher Blüte entlohnen.

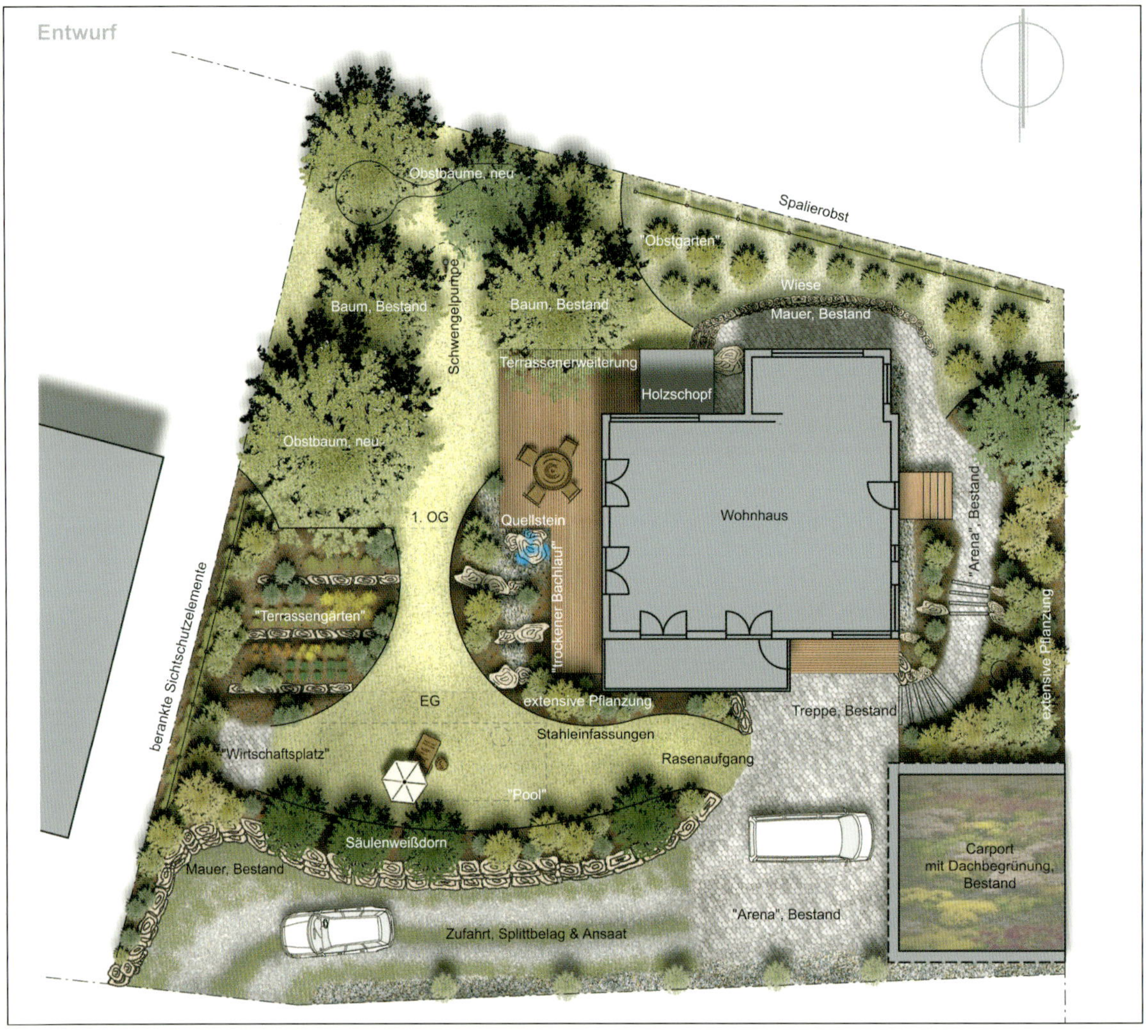

Bild oben: Das neue Bepflanzungskonzept konzentrierte sich auf zwei Bereiche: die Mauerkrone sowie den gesamten Eingangsbereich.

Praxis: Naturgarten

Das Ziel bei der Umgestaltung dieses Gartens war, Haus und Garten durch eine ausgewogene Pflanzung von der Straße her weniger offen einsehbar zu machen. Zugleich sollten Rasenflächen in Blumenrabatten verwandelt und das Gelände solcherart ummodelliert werden, dass das starke Gefälle an der Westseite des Hauses ausgeglichen werden würde. Ein Hauptaspekt bei der Umgestaltung bestand darin, den Garten zugleich pflegeleicht, aber auch sehr naturnah zu halten.
Zur Anpassung des Geländes wurden insgesamt 25 m³ Humus zwischen oberem und unterem

Bild oben: Vor der Umgestaltung waren Haus und Garten vom Zufahrtsweg aus offen einsehbar.

Bild oben: Um die Höhendifferenz auszugleichen, wurden insgesamt 25 m^3 Humus verteilt.

Bild oben: Zur Raumstrukturierung und als Sichtschutz wurden vier Säulen-Ebereschen gepflanzt.

Gartenbereich mit dem Bagger verteilt und grob planiert. Die Feinplanie erfolgte mit dem Rechen. Ausgesät wurde eine »Gebrauchsrasen/Spielrasen«-Regel-Saatgut-Mischung.
Um zu verhindern, dass der neu gesäte Rasen in die Blumenrabatten hineinwächst, wurde zwischen der bestehenden Kalkstein-Zyklopenmauer und der Rasenfläche als Abtrennung ein Eisenband eingelassen.
Blickschutz und Raumstruktur ergaben sich dadurch, dass insgesamt vier Säulen-Ebereschen (*Sorbus thuringiaca* 'Fastigiata') gepflanzt wurden. Als luftiger, durchlässiger Blickschutz decken sie Grundstück und Haus ab, ermöglichen aber gleichzeitig die Aussicht auf die umgebende Landschaft.
Die Auswahl der Pflanzen erfolgte nicht nur nach Standort- und Gesellschaftskriterien. Ein zusätzlicher Aspekt war, dass sie bestenfalls essbar, zumindest aber als Tee oder Duftessenz nutzbar sind. Das Auspflanzen der Stauden erfolgte in Zusammenarbeit mit dem Auftraggeber: Nachdem der Landschaftsarchitekt ein Bepflanzungskonzept zusammengestellt hatte, legte er die Töpfe an Ort und Stelle, wo die Stauden dann von den Gartenbesitzern selbst eingepflanzt wurden. Dies reduzierte die Arbeitszeit des Landschaftsgärtners – und somit die Kosten für den Auftraggeber.

Bilder oben: Auch der Eingangsbereich sollte naturnah und zwanglos wirken. Ausgepflanzt wurden die Stauden von den Gartenbesitzern.

Gartenräume

Ideen für eine einfache, aber niemals einfallslose Raumnutzung finden Sie im nächsten Kapitel. Lassen Sie sich inspirieren!

Von Zimmer zu Zimmer

Raumnutzung im Garten

Bild oben: Kiesgärten haben in den letzten Jahren einen wahren Boom erlebt. Mit einem guten Pflanzkonzept und genauer Planung werden sie zu einer blühenden Steppenlandschaft.

Kiesgärten

»Mit Schotter wird man reich an Zeit, denn er ist pflegearm« – so könnte eine Umschreibung für Kiesgärten lauten. Es kommt nicht von ungefähr, dass Schotter- und Kiessubstrate in den letzten Jahren einen wahren Boom erfahren haben, denn sie gelten als die beste Basis für pflegeleichte Pflanzungen. Ihr Bonus ist, dass sie nicht gegossen und nur bei Anzeichen von Mangelerscheinungen gedüngt werden müssen. Außerdem wird in diesen Bereichen – der Name verrät es – bewusst auf Rasenflächen verzichtet, weswegen die Notwendigkeit zum Rasenmähen wegfällt. Des Weiteren können nur wenige unerwünschte Beikräuter auf dem mageren Substrat wurzeln. Alles zusammen also ein deutliches Plus aufseiten Pflegeleichtigkeit!

Allerdings meint manch ein Gartenbesitzer es in Sachen »Gestein« so gut, dass sein Vorgarten einem Geröllfeld gleicht, durch das sich ein Gletscher gepflügt hat. Unprofessionell gestal-

tet, sind Stein- und Kiesgärten eine botanische Ödnis – es reicht also nicht, auf einen Erdhaufen ein paar größere Granitbrocken zu werfen und dort zwei oder drei teppichbildende Steingartenstauden einzupflanzen. Werden diese Gärten hingegen mit Sachkenntnis angelegt, können sie ein Refugium für seltene Pflanzen sein. So setzt die Urform des Steingartens, das Alpinum, seinen Schwerpunkt auf die typische Alpenflora.
Dem durchschnittlichen Wochenendgärtner wird jedoch kaum der Sinn danach stehen, seltene und fragile Hochgebirgsflora im Vorgarten zu kultivieren. Kiesgärten als weniger »reglementierte« Varianten des Steingartens versprechen da einen eleganten Lösungsansatz. Je nach Bepflanzung und Dekoration können sie japanisch, mediterran oder orientalisch anmuten; selbst die Bepflanzung mit frostharten Kakteen bietet sich für Freunde von Sukkulenten an.
Auch die in Kapitel 3 vorgestellten Vertreter der Staudenmischpflanzungen »Silbersommer« und »Blütenschleier« können dem Themenkreis des Kiesgartens zugeordnet werden.

Bild oben: Die Küchenschelle *(Pulsatilla vulgaris)* schätzt trockene Standorte und eignet sich deshalb zur Begrünung von Stein- und Kiesgärten.

Der optische Reiz des Kiesgartens liegt weniger in einer überbordenden Blütenfülle, wie sie bei gemischten Prachtstaudenrabatten häufig zu finden ist. Kiesgärten sind sehr viel schlichter.

Bild oben: Je nach Standort, Art der Bepflanzung und Gartenkonzept kann ein Kiesgarten auch mit minimalistisch-asiatischem Flair angelegt werden.

Bild oben: Als Sitzgelegenheit wurden in diesem modernen Steingarten Kuben aus massivem Holz aufgestellt.

Bild links: Kühl trifft auf feurig, pelzig auf konisch: Wollziest *(Stachys)* und Blausternbusch *(Amsonia tabernaemontana)* bilden eine interessante Kombination.

Sie arbeiten mit Blattstrukturen, -formen und -farben, aber auch mit stillen Objekten wie bizarr geformten Steinen, Holz oder Wurzeln. Gerade da, wo sonst nichts wächst, ist der ideale Platz für ein Kiesbeet, z. B. eine Südlage mit viel Sonnenbestrahlung oder ein trockener und heißer Grünstreifen beim Parkplatz. Bevor Sie also das Stückchen Rasen in der Gluthitze mittels künstlicher Bewässerung am Leben erhalten, sollten Sie die Anlage eines Kiesbeetes in Betracht ziehen. Ähnliches gilt für eine sonnige Hausfassade unter einem vorstehenden Dach, wo kaum Regen hingelangt.

Bild oben: Die Eibe *(Taxus)* lässt sich auch als Formgehölz verwenden. Als Hochstamm in Kugelform kann sie es ohne Weiteres mit dem Buchsbaum aufnehmen – und ist dabei weniger krankheitsanfällig.

Bild oben: Ein Kandidat für feuchtere Böden: die Lanzen-Verbene *(Verbena hastata)*. Von Juni bis September blüht sie in schmalen lila Ähren.

Bild oben: Stimmungsvoll in sanften Lila- und Blautönen gehalten ist diese Rabatte im Staudengarten der Insel Mainau.

Damit die Pflanzen gesund wachsen und keine feuchten Füße bekommen, muss der Untergrund möglichst trocken, warm und wasserdurchlässig sein. Dazu den Mutterboden 25–30 cm tief abtragen und mit mineralischem Substrat (Schotter oder Ziegelsplitt) vermischen. Auf diese Schicht wird der Kies mit einer Höhe von 5–10 cm aufgebracht. Versuchen Sie, Gestein aus Ihrer Umgebung zu verwenden; exotisches Mulchmaterial kann als Fremdkörper wirken. Ist es nicht möglich, alle Wurzelunkräuter restlos zu entfernen, sollte unter den Kies ein Unkrautschutzvlies oder ein schwarzes Mulchvlies gelegt werden. Normale Schutzvliese können von Wurzelunkräutern durchwachsen werden. Für die Pflanzen dann Kreuzschlitze in das Vlies schneiden. Werden PVC-Folien verwendet, muss die Folie durchgängig z. B. mit der

Mistgabel perforiert werden, da sonst der Untergrund modert. Im Übrigen gilt:

- Kleinformatiger Kies wird beim Laubrechen schnell mitgezogen. Um dies zu vermeiden, lieber Kies der Größenordnung 16/32 wählen.
- Pro Art sind sechs bis acht Pflanzen pro Quadratmeter ausreichend. Wird mehr gepflanzt, behindern sie sich gegenseitig im Wuchs.
- Vor der Pflanzung die Topfballen auf Unkraut untersuchen und bei Bedarf die obersten 1 bis 2 cm Substrat abstreifen, um vorhandene Samen oder Wurzeln zu entfernen.
- Im Jahr der Anpflanzung auf eine ausreichende Wasserversorgung achten. Haben die Pflanzen erst einmal ein tief reichendes Wurzelsystem entwickelt, entfällt diese Aufgabe.

Gut zu wissen

Xerophyten

Durstige Rhododendren stellen ganz klar andere Erwartungen an Gießmenge und -häufigkeit als solche Pflanzen, die in trockenen Regionen leben. Diese sogenannten Xerophyten haben sich im Laufe der Evolution durch tief reichende Wurzeln, fleischiges Blattwerk und schmale Halme an ihre Extremstandorte angepasst und sind regelrechte Geizhälse, was den Wasserhaushalt anbelangt. Im Garten hat diese Sparsamkeit den schönen Effekt, dass kaum, in der Regel sogar gar nicht gegossen werden muss.

Kombinationsmöglichkeiten ergeben sich durch die Verwendung von horstig wachsendem Steppen-Salbei *(Salvia nemorosa)* mit höheren Stauden wie dem Türkischen Mohn *(Papaver orientale)*, der dank seiner riesigen, knallbunten Blüten besonders wirkungsvoll ist. Auch die schön blühenden Fetthennen-Arten *Sedum spectabile* und *Sedum telephium* bieten sich als Partner für den Steppen-Salbei an, ebenso Fackellilien *(Kniphofia)* und Schaf- bzw. Goldgarben (z. B. *Achillea filipendulina* 'Coronation Gold'). Der Wollziest *(Stachys byzantina)* mit seinen samtweichen, silberblauen Blättern darf auf keinem heißen Platz fehlen. Er lässt sich schön mit höheren Stauden wie Spornblume *(Centranthus ruber)*, Großköpfigem Wollblatt *(Eriophyllum lanatum)* oder Turkestan-Strohblume *(Helichrysum thianschanicum)* kombinieren. Viele Kräuter und Halbsträucher, die wir sonst eher in Kombination mit Spaghetti und Pizza kennen, sind die perfekten Kandidaten für heiße Standorte: Gewürz-Salbei *(Salvia officinalis)*, Ysop *(Hyssopus officinalis)*, Currykraut *(Helichrysum italicum)* und Thymian *(Thymus x citriodorus* oder *T. praecox)* sind Grenzgänger zwischen Kies- und Kräutergarten. Ein Kunstgriff besonderer Art liegt in der Verwendung silberlaubiger Arten. Hier bieten sich beispielsweise die Vertreter von Beifuß *(Artemisia)*, Silberimmortelle *(Anaphalis margaritacea)*, Perowskie *(Perovskia abrotanoides)*, Lavendel *(Lavandula)*, Heiligenkraut *(Santolina chamaecyparissus)*, Katzenminze *(Nepeta cataria)* und blaublättrige Ziergräser wie der Blaustrahl-Wiesenhafer *(Helictotrichon sempervirens)* an. Doch selbst die Zwiebelpflanzen finden einen Platz im Kiesgarten, so z. B. Montbretien *(Crocosmia)*, Schneestolz *(Chionodoxa luciliae)*, Blaustern *(Scilla)*, Kugellauch *(Allium)* oder Netzblattiris *(Iris reticulata)*.

Bild oben: Lavendel, Salbei und die blau blühende Perowskie: Viele silberlaubige Pflanzen haben eine Schwäche für heiße Standorte.

Zeichnung rechts: Eine kostensparende Umgestaltung mit dem Ziel, den Pflegeaufwand zu minimieren – das war die Vorgabe bei diesem Familiengarten.

Bild unten: Rasen- und Beetflächen werden mit Eisenbändern getrennt, um das Rasenmähen einfach zu gestalten.

Bild ganz unten: Die Naturquelle sollte in das neue Bepflanzungskonzept integriert werden.

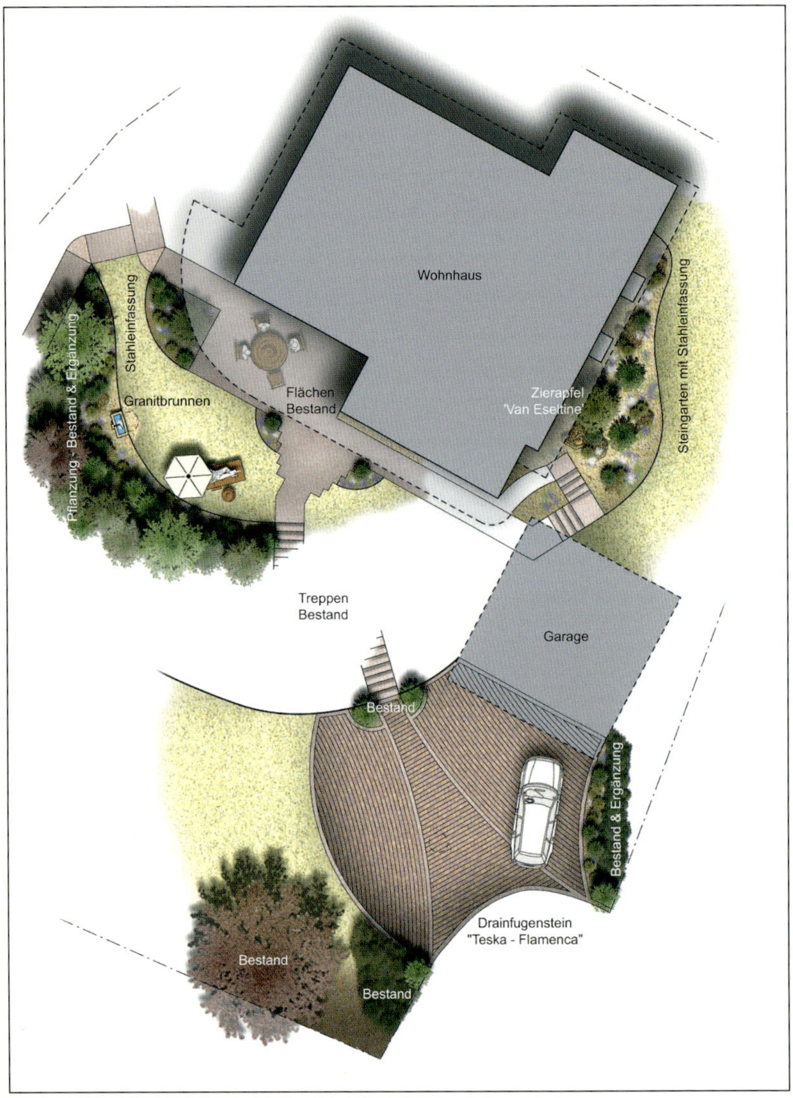

Praxis: Familiengarten

Bei der Umgestaltung dieses Gartens war das Ziel, mit nur wenigen Eingriffen und so kostengünstig wie möglich aus dem Bestehenden etwas Neues zu schaffen. Problematisch hierbei war, dass in diesem mittlerweile 20 Jahre alten Garten über die Jahre sehr viele Stauden und Gehölze gepflanzt worden waren. Ein umfassendes Konzept hatte es dabei nicht gegeben, weswegen die Zusammenstellung teils zerstückelt, teils durch zu große Exemplare sehr pflegeintensiv geworden war.
Vor allem das Rasenmähen um die bestehende Vegetation herum gestaltete sich sehr aufwen-

dig. Da es der Wunsch des Bauherrn war, die zwei Säulen-Zypressen zu erhalten, wurden sie zu einem einzigen, großflächigen Kiesbeet zusammengefasst. Der kränkelnde Hausbaum wurde durch einen Zierapfel (*Malus* 'Van Eseltine') ersetzt.

Als saubere Abtrennung zwischen Kiesbeet und Rasenfläche wurde eine Metallschiene eingebracht. Ein Unkrautvlies verhindert die Vermischung von Untergrund und Kiesauflage.

Bepflanzt wurde die Kiesrabatte mit anspruchslosen Stauden und Gehölzen wie Lavendel *(Lavandula angustifolia)*, Bergenien *(Bergenia)*, Wollziest *(Stachys)*, weiß blühendem Salbei (*Salvia nemerosa* 'Adrian') und Ziergräsern.

Auch beim Bereich um die Terrasse herum war die Vorgabe, die vorhandenen Gegebenheiten kostengünstig und mit möglichst wenig Aufwand in ein pflegeleichteres Neukonzept zu integrieren. Die Pflanzung selbst, insbesondere der mit Heckenkirsche bepflanzte Hangabschluss, war über die Jahre komplett aus der Form geraten. Nach Rodung eines Teils des *Lonicera*-Bestandes wurde auch hier eine Kiesrabatte eingefügt.

Ein besonderes Anliegen des Bauherrn war, die Naturwasserquelle in die neu gestaltete Rabatte zu integrieren. Alle Beetbereiche wurden von der Rasenfläche durch Metallschienen abgetrennt.

Bild oben: Der große Hausbaum, der schon halb ins Dach hineingewachsen war, wurde ersetzt.

Bild oben: Der Bereich um die Naturquelle herum wurde zu einer Kiesrabatte umgestaltet.

Bild links: Durch die Neupflanzung, aber auch durch die Zusammenführung in ein Kiesbeet erhielt dieses Areal durch einfache Maßnahmen ein neues Gesicht.

Bereiche für Kinder

Die Mehrfachbelastung aus Beruf, Kindern und Garten stellt junge Eltern heutzutage oft vor eine Zerreißprobe. Ein Job, der alle Aufmerksamkeit fordert, ein unorganisierter Haushalt, womöglich Haustiere und obendrein Kinder, die bei Wind und Wetter im Garten spielen wollen – wie all diese Anforderungen unter einen Hut bringen? Das Zauberwort hier liegt in der richtigen Organisation. Um das Uhrwerk »Familie« reibungslos in Gang zu halten, muss es straff durchorganisiert werden. Das betrifft auch die Planung des Gartens.

Bild oben: Große Wiesenareale sind wie geschaffen zum Fußballspielen. Bei einer Rasenneuanlage sollte eine strapazierfähige Samenmischung verwendet werden.

Bild links: Bekommen sie ein eigenes Gartenareal, entwickeln sich Kinder früh zu kleinen Gärtnern.

Soll er für Erwachsene wie Kinder viel Potenzial für gelungene Freizeitgestaltung bieten, ist die erste Regel, das Areal in Zonen für die Großen und für die Kleinen zu unterteilen. Letztere sollten aus Gründen der Praktikabilität in Ruf- oder Blickweite der Erwachsenenbereiche liegen und können durch eine deutlich sichtbare Trennung, z. B. eine Hecke oder einen niedrigen Sichtschutz, von diesen abgegrenzt werden.
Ein Faktor macht den Spielbereich für Kinder besonders »pflegeleicht«: das Verwenden von robusten Materialien. Als Rasen daher unbedingt strapazierfähige Sportplatzmischungen verwenden. Klettergerüste, Sandkästen, Wippen oder Rutschen sollten fest im Boden verankert und vom Rasenbereich abgetrennt sein, sodass die Eltern beim Rasenmähen nicht ständig von den Holzelementen behindert werden. Als Unterlage bietet sich eine dicke Schicht Rindenmulch oder eine Auflage aus Gummiplatten an, um die Verletzungsgefahr zu minimieren. Bestenfalls befindet sich in der Nähe des Kinderbereichs eine Unterstellmöglichkeit für Spielsachen, sodass diese bei einsetzendem Platzregen schnell weggeräumt werden können.
Vergessen Sie nie, dass sich die Bedürfnisse der Kinder rasch ändern. Kleinkinder wollen etwas anderes im Garten erleben als Schulkinder. Der Garten sollte also mit den Kindern mitwachsen dürfen – oder die einzelnen Räume werden so gestaltet, dass sie »multifunktional« werden. So lassen sich Sandkästen in Teiche oder Steingärten verwandeln, Klettergerüste in Pergolen.
Letzten Endes werden Ihre Kinder und Sie selbst sehr viel mehr Spaß am gemeinsamen Erlebnis »Garten« haben, wenn sie den Aktionen der Kinder mit Toleranz begegnen. Plastikschaufeln, Eimerchen und Backförmchen sollten also auch außerhalb des Sandkastens liegen bleiben dürfen. Das erspart den Kindern den Streit und Ihnen die Arbeit, sie wieder zu verräumen.
Vielleicht gelingt es Ihnen ja, Ihre Kinder schon früh für die Gartenarbeit zu begeistern. Dann nämlich könnte die schöne Situation eintreten, dass Ihnen die Kinder einen Teil der Arbeit abnehmen, beispielsweise das Rasenmähen.
Um sie schon frühzeitig für die Gartenarbeit zu begeistern, können Sie ihnen einen kleinen Gartenbereich zur eigenen Pflege zuteilen. Im Zweifelsfall reicht es, wenn den Kindern ein großer Pflanzbehälter oder eine Pflanzwanne zur Verfügung gestellt wird. Diese sollten möglichst sonnig platziert und mit guter Pflanzerde gefüllt werden, sodass das Unternehmen »Radieschen aus der Wanne« schnell durch sichtbaren Erfolg gekrönt ist – was die Kinder bestenfalls zur Weiterpflege ihres Miniaturbeetes motiviert. Je einfacher die Pflanzen zu kultivieren sind, desto eher kommen sie zur Bepflanzung des Troges infrage. Salatpflänzchen sind vom kulinarischen Aspekt her zwar sehr wünschenswert, aber spätestens wenn eine Herde Schnecken die kleinen Pflanzen kahl gefressen hat, wird die Enttäuschung groß sein.

Bild oben: Einfach zu kultivierende Pflanzen garantieren am ehesten eine reiche Ernte – auch zur Freude der Kleinsten.

Stattdessen gibt es Alternativen: Wird regelmäßig gegossen, steht der Klassiker, die Kresse, natürlich ganz oben auf der Liste. Bei der Aussaat kann man auch lustige Variationen wählen. Dafür brauchen Sie nur eine Schablone aus Papier auszuschneiden, z. B. ein Herz oder den Anfangsbuchstaben des Namens Ihres Kindes, auf dem Boden auszulegen und die Samen darin auszustreuen.

Bild oben: Eine Blume, die nach Schokolade riecht? Alles möglich, wie dieses Schwarze Schmuckkörbchen *(Cosmos atrosanguineus)* beweist.

Radieschen und Cocktailtomaten lassen sich leicht auf kleinem Raum pflanzen. Bei Topfhaltung sollten beide allerdings regelmäßig gedüngt werden. Ebenfalls eine originelle Idee ist ungewöhnlich aussehendes Gemüse wie gestreifte Tomaten, Gurken oder Auberginen, beispielsweise die Sorte 'Madonna', deren weiße Früchte aussehen wie Gänseeier. Auch essbare Blüten stehen bei Kindern hoch im Kurs. Kapuzinerkresse, Stiefmütterchen, Ringelblumen, Veilchen oder Gänseblümchen sind da eine sichere Wahl.

Nutzgarten

Nachdem er viele Jahre lang ein Schattendasein fristete, erlebt der Nutzgarten mittlerweile eine Renaissance. Kein Wunder, immerhin scheinen Lebensmittelskandale und Hiobsbotschaften aus der Landwirtschaft kein Ende zu nehmen. Mehr und mehr Gartenbesitzer wollen selbst anbauen, was sie essen, denn nur dann kann man ganz genau wissen, was wirklich im Magen landet. Doch im Vergleich zum reinen Staudengarten ist der Unterhalt eines Nutzgartens mit weit mehr Aufwand verbunden. Bücken, Hocken, Heben und Knien sind hier die Devise; Aussäen, Jäten, Gießen und Ernten nehmen kein Ende. Viele Gartenbesitzer verstehen erst, nachdem sie sich zwei Jahre lang mit Tomatenfäule und Weißer Fliege herumgeschlagen haben, dass Bioprodukte tatsächlich ihren Preis haben müssen.
Für einen Nutzgarten sind sonnige Süd-, Südwest- oder Südostlagen am besten geeignet. Nord- oder Ostlagen sollten vermieden werden. Wenn es das Ziel ist, von April bis Dezember frisches Gemüse zu ernten, muss pro Person von einer Nutzfläche von ca. 20 bis 30 m^2 ausgegangen werden. Dabei betragen die traditionellen Maße eines einzelnen Gemüsebeetes 100 cm auf 120 cm. Wird daran anschließend ein Fußweg von 30 cm Breite angelegt, lassen sich Pflege- und Erntearbeiten bequem und mit weniger

Aufwand durchführen. Lediglich saisonal begangene Wege können mit einem Holzlattenrost belegt werden.
Eine Arbeitserleichterung sind Hügel- und Hochbeete. Der Fachhandel bietet eine große Auswahl an gebrauchsfertigen Modellen an, deren Aufbau dank Fertigteilen ein Kinderspiel ist. Alternativ gibt es auch Brunnenringe aus Beton, die mittels Fassadenfarbe freundlicher gestaltet werden können. Zum Schutz vor Wühlmäusen sollte zuunterst ein engmaschiges Drahtgitter ausgelegt werden.
Im Gemüsegarten herrschen andere Bedingungen als in den übrigen Gartenarealen. So sollte der Boden nährstoffreich und mit Kompost versetzt sein. Als Kompostgabe werden je nach Gemüseart 1 bis 6 Liter Kompost pro Kubikmeter empfohlen. Bevor zusätzlicher Dünger verabreicht wird, sollte eine Bodenanalyse gemacht werden.
Für schneckenanfällige Pflanzen ist ein Schneckenabwehrzaun ratsam. Wenn nur einzelne Pflanzen geschützt werden sollen, kann mit

Bild ganz oben: Gemüsegärten sind erheblich pflegeintensiver als Stauden- und Gehölzareale.

Bild oben: Zwischen Gemüsebeete ausgelegte Bretter eignen sich als temporäre Wege. Nach Ende der Saison können sie schnell weggeräumt und zwischengelagert werden.

Plastik-Schutzhäubchen gearbeitet werden. Ganz allgemein gilt im pflegeleichten Nutzgarten: Halten Sie bei der Auswahl der geeigneten Gemüsesorten Nutzen und Aufwand im Gleichgewicht. Viele regional vorkommende Gemüsesorten sind in Pflege und Unterhalt sehr aufwendig. Anstatt sie mühevoll in Eigenregie anzubauen, können sie günstiger und in guter Qualität über den Wochenmarkt bezogen werden. Im eigenen – pflegeleichten! – Gemüsegarten werden nur solche Sorten gepflanzt, die einfach anzubauen sind und rasch wachsen. Radieschen und Möhren sind immer eine solide Wahl, ebenso wie Tomaten, Strauch- und Stan-

Bild oben: Bester Schneckenschutz für zarte Pflänzchen sind sogenannte Schneckenkragen.

Bild links: Eine raffinierte Idee zum Bewässern von Tomaten ist es, leere Plastiktöpfe am Fuß der Pflanze einzugraben. Wird das Wasser hineingegossen, kann es nicht seitlich davonfließen.

Gut zu wissen

Fruchtfolge

Beim Bewirtschaften von Gemüsebeeten unbedingt auf die Fruchtfolge achten. Demnach gilt, dass Starkzehrer wie Lauch, Sellerie, Gurken, Kartoffen, alle großen Kohlarten, Tomaten, Rhabarber und Kürbis als Erstes angepflanzt werden und eine Düngergabe aus Mist bzw. halb reifem Kompost erhalten (bei Bedarf während des Sommers ein- bis zweimal nachdüngen), Mittelzehrer wie Möhren, Zwiebeln, Knoblauch, Salate, Spinat, Schwarzwurzeln, Radieschen, Kohlrabi, Rote Beete und Fenchel im nächsten Jahr folgen und durch Schwachzehrer wie Bohnen, Erbsen, Petersilie, Schnittlauch und andere Kräuter der Fruchtfolgekreislauf im dritten Jahr geschlossen wird.

Bild oben: Tagetespflanzen sind eine Zierde im Gemüsebeet und verscheuchen Schädlinge wie Weiße Fliege oder Nematoden.

genbohnen, Erbsen und Kürbis. Beim Salat geeignet sind solche Sorten, die im Frühjahr ausgesät und bis in den Herbst hinein geerntet werden können, d. h. Blattsalate wie *Lactuca* oder Rucola.

Durch gute Nachbarschaftsverhältnisse im Garten können die Pflanzen weniger anfällig für Schädlinge gemacht werden. So wehrt Bohnenkraut neben Bohnen die schwarze Bohnenlaus ab, Knoblauch bewahrt Erdbeeren, Gurken, Karotten und Tomaten vor Pilzkrankheiten und Spinat fördert durch Wurzelausscheidungen das Wachstum benachbarter Pflanzen. Achten Sie auch darauf, dass in keinem Beet die gleiche Gemüseart zwei Jahre hintereinander angebaut wird.

Nutz- und Ziergarten kombiniert

Besitzer sehr kleiner Gärten, die trotz beschränkten Platzes nicht auf eigenes Gemüse verzichten wollen, können ihren Ziergarten mit dem Nutzgarten kombinieren – eine Maßnahme, die in alten Bauerngärten seit jeher Tradition hat. Viele Gemüsesorten sind dank ihres hübschen Äußeren das dekorative i-Tüpfelchen zwischen Stauden und Kleinsträuchern. Buntstieliger Mangold beispielsweise wird in vielen Gärten weniger wegen seines Nährwertes, sondern aufgrund seiner Optik gepflanzt. Gleiches ist bei den Grünkohl-Sorten 'Nero di Toscana' und 'Roter Krauser' der Fall. Beide sind beliebte Wintergemüse, deren Blätter bis spät in den Winter einzeln geerntet werden können.

Manche Gemüse- und Kräutersorten sind wie berufen dazu, zur Beeteinfassung umfunktioniert zu werden. Das sieht hübsch aus und erleichtert die Ernte. Für den Alltagsküchen-

Bild ganz oben: Cross-over in der Blumenrabatte: Artischocken sind eine kulinarische Delikatesse, aber auch dank ihres dekorativen Laubes echte Blattschmuckschönheiten …

Bild oben: … was auch für den buntstieligen Mangold gilt.

gebrauch geeignet sind Thymian, Schnittlauch, Salbei, Currykraut, Eberraute, Ysop, Oregano, Schnittknoblauch oder Bohnenkraut. Es empfiehlt sich, kleinwüchsige Sorten zu pflanzen und nicht solche, die zu sehr in die Höhe schießen, denn dann würden sie die dahinterliegenden Stauden verdecken. Kleinwüchsige Salbeisorten sind z. B. *Salvia officinalis* 'Nana', beim Bohnenkraut kommt *Satureja spicigera*, beim Currystrauch die Zwergform *Helichrysum italicum* ssp. *serotinum* infrage. Letztere sollten nicht im Herbst, sondern erst im April um ein Drittel gekürzt werden, damit sie schön in Form bleiben. Auch in der Kombination Nutz-/Ziergarten kann man in den Vorzug der guten Nachbarschaftshilfe kommen. So lässt sich der Befall mit Blattläusen durch eine Mischkultur von Kornblumen und Ringelblumen zu Salat oder Kohlpflanzen um die Hälfte reduzieren.
Freunde süßer Sammelnussfrüchte verwenden Erdbeeren als Bodendecker. Da Sorten wie z. B. 'Spadeka' oder 'Florika' sehr stark ausläuferbildend sind, können sie sonnige Gartenareale

oder Böschungen innerhalb kurzer Zeit mit ihren Ausläufern bedecken und sie in eine Erdbeerwiese verwandeln. Weitere empfehlenswerte Erdbeersorten finden Sie in der Tabelle zu den Beerensträuchern auf Seite 182 ff.

Gemüse im (Blumen-)Topf

Viele Kräuter und Gemüsesorten lassen sich mit wenig Aufwand in Töpfen auf der Terrasse kultivieren – vorausgesetzt, für regelmäßige Wasser- und Düngerzufuhr ist gesorgt. Selbst bei Obstbäumen und Beerenobst gibt es Züchtungen, die mit dem geringeren Volumen eines Pflanztrogs zurechtkommen.
Was ganz allgemein auf den Nutzgarten zutrifft, gilt auch bei einer Kultivierung in Töpfen: Ein heller und sonniger Standort, am besten mit Südost- oder Südwestlage, ist zu empfehlen. Wichtig ist, bei der Größe der Gefäße nicht zu geizen, denn über je mehr Platz – und Nährstoffe – die Pflanzen verfügen, mit desto reicherer Ernte wird man belohnt. Außerdem kippen die größer wachsenden Exemplare bei starkem Wind nicht so schnell um. Als Faustmaß für Tomaten oder Gurken gelten 5–15 Liter pro Pflanze und Einzelgefäß; Kräuter können unter Beachtung der Nachbarschaftsvorlieben in gemischter Pflanzung (eine Pflanze auf 10 cm) auch in Balkonkästen gesetzt werden.
Wichtig ist, dass Gieß- und Regenwasser abfließen können, also darauf achten, dass die Öffnungen für den Wasserabzug ausreichend groß sind und nicht verstopfen können. Bei mehrjähriger Bepflanzung, beispielsweise bei Topfobstbäumen, muss darauf geachtet werden, dass das Gefäß frostfest ist. Um zu vermeiden, dass das Bäumchen im Winter kalte Füße bekommt, sollte der Topf auf eine Styroporunterlage oder auf Holzstückchen gestellt werden.

Beerensträucher

Das pflegeleichteste Obst für den Hausgarten wächst an Sträuchern. Denn es lässt sich im Stehen ernten, es muss nicht – wie beispielsweise Erdbeeren – nach zweijähriger Kultur ausgewechselt werden, und auch festbinden muss man es nicht. Johannis-, Stachel-, Him- und Brombeeren können auf kleinstem Raum angebaut werden und sind auch für Anfänger leicht zu pflegen. Und ganz so, wie sich Mangold als Blickfang in die gemischte Staudenrabatte setzen lässt, können starkwüchsige Beerensträucher wie Johannis-, Stachel- oder Jostabeeren zweckentfremdet und in die Wildhecke gepflanzt werden. Himbeeren eignen sich überdies perfekt als Raumteiler, als Sichtschutz oder als Einfriedungen zur Straße hin.
Bei der Pflanzung sollten Sie darauf achten, einen sonnigen, rasch abtrocknenden Standort

Bild oben: Vom Aufbau her ähnelt dieses Haselrutenzelt einem Tipi – eine ideale Rankvorrichtung für Kletterbohnen.

mit nährstoffreichen, mittelschweren Böden zu wählen. Schwere Böden mit Staunässe sind nicht zu empfehlen, ebenso wenig das Setzen an Standorte, wo zuvor Erdbeeren oder Himbeeren infolge von Krankheiten gerodet werden mussten.
Beerensträucher sind Flachwurzler, tiefe Bodenbearbeitung im Wurzelbereich behagt ihnen daher gar nicht. Auch eine Grasnarbe im Wurzelbereich der Sträucher sollte besser entfernt werden, da diese eine Konkurrenz in der Versorgung mit Wasser und Nährstoffen darstellt. Stattdessen sollten Sie den Boden mit einer Mulchschicht aus Gras oder Laub bedecken.

Bild oben: Gemüsegärten können auch modern gestaltet werden, wie dieses geometrische Buchsbaumensemble beweist.

Bild links: Beerensträucher wie Johannisbeeren sind Flachwurzler und schätzen es gar nicht, wenn der Boden im Wurzelbereich bearbeitet wird.

Aspekte bei der Auswahl des geeigneten Beerenobsts sind die Sortenwahl und die Robustheit der Pflanze gegenüber Schaderregern. Bestenfalls trägt sie über Wochen Früchte, benötigt kaum Pflege und hat zudem einen hohen Zierwert. Wenn ihr dann noch weder Mehltau, Wurzelfäule noch Blattfallkrankheiten ernsthaft zusetzen, ist sie perfekt. Achten Sie beim Kauf von Beerensträuchern auch auf den Reifezeitpunkt. Wenn einigermaßen sicher ist, dass Sie jeden Juli außerhalb Ihres Heimatortes Urlaub machen, sollten Sie lieber später tragende Sorten pflanzen. Bei Himbeeren wird zwischen sommer- und herbsttragenden Sorten unterschieden. Da die herbsttragenden an den diesjährigen Trieben ihre Beeren entwickeln, können hier im Winter nach der Ernte alle Triebe komplett bodeneben abgeschnitten werden. Ausschneiden, Aufbinden und Entwirrung von ein- und zweijährigen Trieben (wie es bei sommertragenden Sorten der Fall ist) entfallen also. Ein weiterer Vorteil: Sie werden von den Maden des Himbeerkäfers verschont.
Brombeeren müssen übrigens nicht unbedingt über ein spezielles Klettergerüst gezogen werden. Sie können auch der Begrünung einer Pergola dienen.
Zier- und Beerensträucher erhalten erstmalig fünf Jahre nach Pflanzung einen Verjüngungs- bzw. Auslichtungsschnitt. Dazu nach innen wachsende, schwache und alte abgetragene Triebe entfernen und bodeneben abschneiden. Wer Wert auf eine reiche Ernte legt, darf das Düngen nicht vergessen. Ideal ist eine Kompostgabe im Frühjahr auf den Wurzelbereich (ca. 5 l/m²) in Kombination mit dem Ausbringen eines Stickstoffdüngers wie z. B. Hornmehl.

Bild ganz oben: Egal ob Beerenobst ...

Bild oben: ... oder Sammelfrucht, ausschlaggebend für die Pflegeleichtigkeit der Pflanze sind die Sorte und die Wahl des richtigen Standortes.

Obstgehölze

Obstbäume – so wie jeder andere Baum im Garten auch – sind behagliche Wesen. Sie mögen keinen Aufruhr, und Stress schon gar nicht. Wenn es ihnen an einem bestimmten Ort gefällt, wollen sie dort ihr ganzes Leben lang stehen bleiben. Immerhin ist ein Baum, egal wie klein er ist, kein Möbelstück, das nach Lust und Laune durch den Garten geschoben werden kann. Wenn der Standort sonnig und möglichst spätfrostfrei ist sowie tiefgründigen und durchlässigen Boden bietet, wird es das Bäumchen mit einer herrlichen Frühjahrsblüte, einem Schatten spendenden Laubdach und reichem Erntesegen danken.

Abhängig von der Größe, die der Baum im ausgewachsenen Zustand erreichen wird, muss der Abstand zu Nachbarschaftspflanzen oder Häusern berechnet werden. Pflanzen Sie sie nicht zu nahe an Zufahrten oder Wegen, da Fallobst den Weg rutschig machen kann. Um eine lästige Frühlings-, Sommer- und Herbstspritzung zu umgehen, sollten nur solche Sorten gepflanzt werden, die ausgewiesen robust sind. Dies spart Geld – und Zeit. Muss als Notfallmaßnahme doch gespritzt werden: Gehen Sie die Spritzung zum Schutz der Bienen nur sehr früh morgens oder spät am Abend an. Halten Sie sich exakt an die Dosierungen und an die Wartefristen!

Bild oben: So wie alle anderen Bäume sollten auch Obstbäume genug Platz haben, um sich ungeniert ausbreiten zu dürfen.

Die erste Wahl im Hausgarten sind solche Sorten, die auf schwachwüchsigen Unterlagen aufgepfropft sind. Zwar können es die Klein- oder Ministämmchen in der Regel an Langlebigkeit nicht mit einem Hochstamm aufnehmen, doch Schnitt- und Erntearbeiten gestalten sich durch das langsame Wachstum sehr viel einfacher. Außerdem erleichtern sie den Einsatz von Netzen gegen Vogelfraß oder die Kirschfruchtfliege. Doch auch hier werden jahreszeitliche Arbeiten anfallen, so z. B. das Aufsammeln des Fallobstes und Schnittmaßnahmen.

Beim Verjüngungsschnitt von Obstbäumen werden steil aufrecht und nach innen wachsende

Bild oben: Bei fachgerechter Anlage wird es nicht lange dauern, bis sich Teichbewohner wie dieser Teichfrosch im Garten niedergelassen haben.

Triebe sowie zu dicht wachsende Konkurrenztriebe entfernt. Beim Schnitt darauf achten, dass immer oberhalb von einem nach außen stehenden Auge bzw. einem Trieb zurückgeschnitten (abgeleitet) wird.

Kernobst wie Apfel, Birne und Quitte wird im Winter geschnitten; Steinobst wie Zwetschge, Süß- und Sauerkirsche hingegen im Sommer nach der Ernte. Eine Ausnahme bilden sehr späte Zwetschgensorten, die ebenfalls im Winter geschnitten werden.

Viele Baumschulen, Gartencenter und Weiterbildungsstätten bieten spezielle Kurse an, bei

Bild oben: Wenn die dicht aneinanderwachsenden Stängel des Tannenwedels *(Hippuris vulgaris)* aus dem Wasser ragen, erinnert dies tatsächlich an ein Nadelwäldchen im Kleinformat.

denen man sich das notwendige Wissen für einen soliden Baumschnitt aneignen kann. Einen solchen Schnittkurs zu besuchen lohnt sich, da ein fachmännischer Schnitt von Obst- und Beerengehölzen eine knifflige Aufgabe ist und einiges an Know-how erfordert.

Gartenteich

Kaum ein anderes Gartenareal kann es an Besinnlichkeit mit einem Gartenteich aufnehmen. Hier lässt sich auf Tuchfühlung mit der Natur gehen, der Verlauf der Jahreszeiten miterleben, Spatzen beim Wasserbad beobachten – oder eben doch den ganzen Sommer über Algen aus dem Wasser fischen. Wurde bei seiner Anlage, Bepflanzung und Pflege alles richtig gemacht, ist die Wasserstelle im Garten quasi ein Selbstläufer und benötigt nur noch ein absolutes Minimum an Aufmerksamkeit.
Wurde er jedoch zu niedrig angelegt, mit den falschen Pflanzen begrünt oder dank falsch verstandener Tierliebe mit Großfischen bestückt, wird man sich im schlimmsten Fall irgendwann wünschen, ihn niemals gebaut zu haben.
Einen Gartenteich anzulegen erfordert allerhand Fachwissen, Vorbereitung und Zeit. Zwar lässt er sich durchaus mit wenig Vorkenntnis bauen, doch wenn es das Ziel ist, dieses Gartenareal in Zukunft nur zu genießen, dann sollte zumindest ein dicker Wälzer Fachliteratur gelesen – oder besser gleich ein Teichbauer angeheuert werden.
Am pflegeleichtesten sind Teiche, die naturnah angelegt werden. So kann sich am ehesten ein natürliches Gleichgewicht einpendeln, bei dem Eingriffe von außen – Ihre pflegenden Hände

Bild oben: Langstielige, glänzende Blätter und leuchtend blaue Ähren zur Blütezeit – das Hechtkraut *(Pontederia)* ist ein besonders fescher Kandidat für die Flachwasserzone.

also! – grundsätzlich als Störung wirken und daher unerwünscht sind. Folgende Aspekte sollten dabei bedacht werden:

- Je größer, desto besser. Miniteiche sind niemals richtig stabil. Ist der Teich kleiner als 5 m^2, können kaum noch äußere Einflüsse abgepuffert werden, was den Einsatz von Filtersystemen notwendig macht.
- Je tiefer, desto artenreicher. Eine Tiefe von 80 cm gilt als das absolute Minimum. Nur so kann gewährleistet werden, dass Teichbewohner wie Frösche, Kröten und Molche sich auch wirklich ansiedeln und ohne Ausfälle überwintern können.
- Je mehr Technik, desto mehr Arbeit. Pumpen, Wasserspiele, Filter, Skimmer, Unterwasserbeleuchtung – all dies mag (in manchen Teichen) schön und elegant aussehen, bedeutet gleichzeitig aber auch einen erheblichen Mehraufwand. Denn all diese Geräte müssen teils aufwendig gewartet werden, was kaum im Sinne einer wenig pflegeaufwendigen Gartenphilosophie sein kann.

Jahreszeitliche Arbeiten am Teich

Der Herbst beginnt im Gartenteich früher als im Rest des Gartens. Es empfiehlt sich, frühzeitig die vergilbten und umgeknickten Pflanzen zurückzuschneiden, sodass nicht unnötig viele Nährstoffe ins Wasser geschleust werden, die dann nur eine Algenblüte anregen würden. Gleiches gilt für die Fruchtstände der Uferpflanzen. Gerade der Blutweiderich *(Lythrum salicaria)* neigt dazu, sich an geeigneten Standorten durch Selbstaussaat nahezu ungebremst zu vermehren.
Ganz generell benötigt ein Teich zu jeder Jahreszeit ein gebührendes Maß an Aufmerksamkeit.

Anfallende Teicharbeiten im Gartenjahr sind:

- **Frühling:** braune Halme abschneiden, abgestorbene Biomasse entfernen.
- **Sommer:** allzu üppig wachsende Pflanzen zurückschneiden, an der Oberfläche treibende Algen und auch Blütenstaub abfischen.
- **Herbst:** verrottende Pflanzen und Laub entfernen. Ggf. ein Laubfangnetz aufspannen. Vertrocknete Stängel 10 cm über dem Wasser abschneiden und bis zum Frühling stehen lassen. Sie belüften den Teich.
- **Das ganze Jahr über:** Blätter, Früchte oder Äste mit einem Kescher entfernen.

Überlegungen zur Teichplanung

Um die Kosten bei der Anlage eines Gartenteichs zu reduzieren, bietet es sich an, ihn gemeinsam mit einem Teichbauer zu errichten. Viele Arbeiten, z. B. die Bepflanzung der Teichränder oder die Feinmodellierung des Geländes, können Sie in Eigenarbeit erledigen, was die Arbeitsstunden des Teichbauers – und somit Ihre Kosten – reduziert. Der ideale Platz für einen Teich liegt in einem sonnigen Bereich des Gartens mit Beschattung über Mittag. Es sollten keine zu hohen Bäume unmittelbar danebenstehen, da einfallendes Laub, Früchte oder Blütenstaub zu viele Nährstoffe in den Teich einbringen. Außerdem kann das Wurzelwerk der Gehölze die Teichfolie beschädigen. Gleiches kann geschehen, wenn der Boden aufgeschichtet, mit Bauschutt versetzt oder nicht sauber verdichtet ist. Ränder sollten flach auslaufend gestaltet werden, sodass Tieren der Zugang zum Wasser erleichtert wird. Wenn um den Teich herum wackelfeste Natursteinplatten verlegt sind, lassen sich Reinigungsarbeiten rascher und effektiver erledigen.

Gleiches gilt, wenn die einzelnen Wasserzonen muldenförmig nach oben angelegt sind. So rutscht das Befüllungsmaterial nicht ab und der Einstieg mit Gummistiefeln in den Teich wird erleichtert. Ein wichtiges Detail für das Funktionieren eines Gartenteichs ist die Kapillarsperre. Ihre Aufgabe ist es, einen Wasserverlust durch die Kapillarwirkung der umgebenden Pflanzen zu verhindern und somit einer vorzeitigen Verlandung des Gartenteichs entgegenzuwirken. Sie unterbindet also den Kontakt des umliegenden Geländes mit den Bodenschichten des Teichs und der Sumpfzone. Dazu wird die Folie am Teichrand 5 cm über den endgültig geplanten Wasserstand ausnivelliert und entweder durch eine Kiesschüttung, eine Schicht aus Magerbeton oder eine Reihe Gehwegplatten stabilisiert.

Hat das Grundstück Gefälle, dürfen Grünflächen, insbesondere pflegeintensive Rasenflächen, die häufig gedüngt werden, nicht oberhalb des Teiches liegen, denn dann besteht die Gefahr, dass Regenwasser einfließt, schlimmstenfalls sogar solches, das mit Resten von Dünger belastet ist.

Bild oben: Fast jedes Gefäß kann zum Wasserbassin umfunktioniert werden, wenn der Platz für einen Teich im Garten nicht reicht.

Bild oben: Dieser Brunnen aus wetterfestem Corten-Stahl ist das gestalterische i-Tüpfelchen des reduziert bepflanzten, modernen Kiesgartens.

Zur Füllung des Gartenteichs dürfen auf keinen Fall Gartenerde oder gar Kompost verwendet werden – diese Substrate gehören in die Beete, nicht ins Wasser. Stattdessen nehmen Sie besser ein spezielles, nährstoffarmes Teichsubstrat bzw. mageren Sand. Seerosen oder andere Pflanzen, die einen höheren Nährstoffbedarf haben, erhalten im zeitigen Frühjahr eine extra Nährstoffversorgung über spezielle Düngerkegel, die direkt ins Substrat gedrückt werden.
Um einer Algenblüte entgegenzuwirken, die gerade in der Anfangszeit viele Teiche heimsucht, können große Mengen frei schwimmender Unterwasserpflanzen wie Wasserpest oder Hornkraut eingebracht werden. Diese sollten Sie dann jedoch sukzessive wieder entfernen, sobald Froschlöffel und Co. Fuß gefasst haben. Schilf, Binsen und Rohrkolben sind für ihren unaufhaltsamen Ausbreitungstrieb berüchtigt. Im Nu können sie einen Teich zuwuchern, was sie insbesondere für die Bepflanzung kleinerer Wasserflächen ungeeignet macht. Eine bessere Wahl sind weniger stark wuchernde Kandidaten wie Sumpf-Schwertlilien *(Iris pseudacorus)*, Blumenbinse *(Butomus)*, Froschlöffel *(Alisma plantago-aquatica)* oder Hechtkraut *(Pontederia)*.
Im Teich ist Facettenreichtum gefragt: Lieber wenige Pflanzen vieler Arten statt viele Pflanzen weniger Arten ist der Leitspruch, um das Ökosystem Teich möglichst vielfältig zu gestalten. Vergessen Sie nie, den Teich optisch in den Garten einzubinden. Wird das Areal um den Teich herum so gestaltet, dass es quasi »zum Thema hinführt«, wird sich die Wasserfläche ganz natürlich in die Gesamtheit des Gartens einfügen. Eine Wildstaudenrabatte mit Wasserdost *(Eupatorium)* und Ziergräsern, selbst eine Wildblumenwiese können dies schon bewerkstelligen. Vermeiden Sie es jedoch, starkwüchsigen Bambus ohne Bambussperre direkt an den Teich zu setzen. Die Rhizome können die Folie dauerhaft schädigen.
Wollen Sie nur wenig Arbeit mit Ihrem Teich haben, ist es ratsam, komplett auf Fische zu verzichten – nicht nur, weil die Tiere dort gedrängter leben als in den meisten Aquakulturen, sondern auch, weil der Einbau geeigneter Filtersysteme dann unumgänglich wird. Stattdessen lieber den Bestand an Posthornschnecken prüfen – sie regulieren die Qualität des Wassers, indem sie Algen und verrottetes Pflanzenmaterial fressen.
In sehr großen Gärten kann auch die Anlage eines Schwimmteichs in Erwägung gezogen werden. Diese sind erstaunlich pflegeleicht: Denn sie funktionieren dank der Reinigungswirkung

Bild oben: Dieser ca. 5 m² große, sehr naturbelassene Teich fügt sich perfekt in den Garten ein. Den hinteren Bereich säumen Taglilien *(Hemerocallis)*.

Bild oben: Hochbeete sind nicht nur für Senioren eine überlegenswerte Variante. Auch in Gärten mit schlechtem Boden zahlen sie sich aus.

der Pflanzen komplett ohne Chemie. Mit einem benötigten Mindestmaß für die Gesamtwasserfläche von 50 Quadratmetern, und zwar bei einer Tiefe von mindestens 1,80 Metern, kommen sie allerdings nur für die wenigsten Gärten infrage.

Ist Platz hingegen rar, der Wunsch nach dem Element Wasser im Garten jedoch groß, sollten Sie sich besser für ein abgeschlossenes Wasserelement wie einen Quellstein oder einen sogenannten Miniteich, z.B. eine kleine Wanne mit Seerosen, entscheiden.

Seniorengärten

Im Gegensatz zu berufstätigen Wochenendgärtnern, die zwar einen Garten wollen, mit der Gartenarbeit aber möglichst wenig zu tun haben möchten, ist bei Senioren häufig genau das Gegenteil der Fall. Denn die meisten würden noch gerne, können aber nicht mehr. Aus diversen Gründen: weil der Rücken schmerzt, die Knie knirschen, die Finger geschwollen sind oder die Kräfte einfach nicht mehr ausreichen. Hier ist also weniger das Problem, wie die Zeit, die in die Gartenarbeit investiert wird, auf ein erträgliches Maß reduziert werden kann, sondern wie die Gartenarbeit als solche überdacht werden muss, um ihre schönsten Seiten auch im hohen Alter noch genießen zu können.

Gerade das Umgraben von Beeten, das Tragen von Lasten und das Besteigen von Leitern werden als besonders beschwerlich empfunden. Der einfachste Weg aus diesem Dilemma liegt im Ändern von Gewohnheiten. Dies betrifft nicht nur Bewegungstechniken, sondern tatsächlich auch die Einsicht, eine bestimmte Arbeit nicht mehr auf die Art und Weise verrichten zu können, wie es jahrzehntelang getan wurde. Gerade dieser Prozess des Umlernens ist am schwierigsten. Doch hier verhält es sich wie mit vielen Dingen im Leben: Ist das Problem erkannt, ist es zur Lösung nur noch ein kleiner Schritt. Folgende Maßnahmen können eine Hilfestellung bieten:

- Die Produzenten von Gartengeräten haben längst erkannt, dass auf Senioren zugeschnittene Werkzeuge ein boomender Markt sind. Denn natürlich sind deren Anforderungen an Gartengeräte völlig andere als die jüngerer Menschen, die, wenn sie einen Ast schneiden wollen, einfach in den Baum hineinklettern. Teleskopscheren und Verlängerungsstiele beispielsweise können die ungeliebte Leiter ersetzen. Dies ist ebenso effektiv und schont zudem den Rücken.
- Erledigen Sie so viele Tätigkeiten wie nur möglich im Sitzen, zum Beispiel mittels Rollhockern.
- Das Ausstechen mancher Unkräuter, beispielsweise das von Löwenzahn oder dem Franzosenkraut, lässt sich dank spezieller Unkrautstecher bequem in stehender Haltung erledigen.
- Beim Knien können Kniematten untergelegt werden, um die Gelenke zu schonen. Alternativ machen Sie es wie die Profis: Benutzen Sie Knieschoner!
- Tragen Sie schwere Gewichte niemals alleine. Fragen Sie den Nachbarn oder benutzen Sie Transporttragebänder, klappbare Sackkarren oder Schubkarren. Bei Letzteren gibt es auch zweirädrige Modelle mit Achse, die nicht ausbalanciert werden müssen.
- Holz, Basalt oder Sandstein können bei Feuchtigkeit rutschig werden. Stattdessen bieten sich ungeschliffene Materialien an, die bei Regen ihre Griffigkeit behalten, z. B. Grauwacke, Porphyr, Betonsteine oder Granit.
- Um sich nicht zu hoch strecken zu müssen, können Obstbäume gepflanzt werden, deren Früchte ohne den Einsatz von Leitern geerntet werden können, z. B. kleinkronige Obstgehölze oder Spalierobst.
- Gleichzeitig kann das lästige Bücken vermieden werden, wenn beim Beerenobst solche Formen verwendet werden, die als Stämmchen gezogen sind, oder wenn das Gemüse im Hochbeet gepflanzt wird.

Bild oben: Eine flächige Bepflanzung vermindert den Pflegeaufwand. Dies kann mit Bodendeckern erfolgen, aber auch mit geeigneten Stauden.

Mit System gepflegt

Nicht nur Rasenmäher, Heckenschere und Spaten helfen dem Gartenbesitzer bei der Arbeit, auch allerlei Kleingetier kann ihm überaus nützlich sein.

Hardware des Gärtners

Tierische Helfer und hilfreiche Werkzeuge

Menschen ziehen gerne klar ersichtliche Grenzen. Markierungssteine fixieren Grundstücksenden, Bäume an der Grundstücksgrenze dürfen nur eine maximale Höhe erreichen, das Weihnachtsfest findet immer am gleichen Tag statt. In der Natur ist das anders. Da kann es am kalendarischen Frühlingsbeginn durchaus schneien. Wer sich auf die ganz spezielle Zeit des Gartens einlässt, starrt nicht auf den Kalender, um Schlag Herbstbeginn Laub rechen zu wollen. Stattdessen sollte die Entwicklung draußen im Garten beobachtet werden. Wann blühen die ersten Apfelbäume? Wann reifen die Roten Johannisbeeren?

Bild oben: Er ist nicht nur ein Symbol für Glück, sondern auch überaus nützlich: Immerhin frisst ein erwachsener Marienkäfer durchschnittlich 150 Blattläuse pro Tag.

Die Natur kennt nicht vier, sondern zehn Jahreszeiten, die von Jahr zu Jahr, abhängig von Klimazone und Breitengrad, zu unterschiedlichen Terminen spürbar sind. Dabei sind nicht Zahlen, sondern der tatsächliche Witterungsverlauf ausschlaggebend. Löst man sich von der strikten Kalendereinteilung und richtet sich ganz flexibel bei der Arbeitsplanung nach diesem phänologischen Kalender, ist viel unnötige Arbeit gespart.

Gartenarbeiten nach dem phänologischen Kalender

Jahreszeit	Erkennbar an	Tätigkeiten im Garten
Vorfrühling, je nach Witterung ab Februar	Haselnuss- und Schneeglöckchenblüte	• Abgestorbene oder beschädigte Äste entfernen • Baumschnitt, falls Temperaturen nicht unter –5 °C
Erstfrühling, je nach Witterung ab März	Blüte von Forsythien, Buschwindröschen und Löwenzahn, Blattentfaltung der Stachelbeere	• Schnitt sommerblühender Gehölze • Gräser schneiden • Rosenschnitt • Rasenpflege (Vertikutieren, Düngen) • Langzeitdünger ausbringen • Bodenpflege: Mulchen, Kompost ausbringen • Schneckenbekämpfung (aufsammeln, Eiergelege zerstören)
Vollfrühling, je nach Witterung ab April	Blüte von Apfel und Flieder, Blattentfaltung der Stieleiche	• Aussaat von Zweijährigen • Frühjahrspflanzung (Immergrüne und Containerpflanzen) • Rasenaussaat • Im Gewächshaus überwinternde Pflanzen nach draußen bringen • Schädlingskontrolle • Beete jäten
Frühsommer, je nach Witterung ab Juni	Blüte von Wild- und Beetrosen, Blüte des Schwarzen Holunders	• Kontrolle von Schädlings- und Pilzbefall an Rosen/Entfernen verblühter Rosenteile/ nach erster Rosenblüte Rosendüngergabe • Buchsbaumschnitt • Schnitt von frühjahrsblühenden Gehölzen • Stützen von hochwachsenden Pflanzen
Hochsommer, je nach Witterung ab Juli	Blüte der Sommerlinde, Fruchtreife der Johannisbeere	• Schädlingskontrolle und Pilzbekämpfung • Beete im Gemüsegarten mulchen • Bei Trockenheit wässern • Pflanzung von wurzelnackten Bartiris und Madonnenlilien
Spätsommer, je nach Witterung ab August	Blüte der Herbstanemone, Fruchtreife von Frühapfel, Felsenbirne und Eberesche	• Aufbinden und Stützen hoher Sommerblumen • Schädlingskontrolle und Pilzbekämpfung • Schnitt der Glyzinien-Sommertriebe auf zwei Augen • Beete im Gemüsegarten mulchen
Frühherbst, je nach Witterung ab September	Fruchtreife des Schwarzen Holunders und der Haselnuss	• Frühlingsblühende Zwiebel- und Knollengewächse einsetzen • Rückschnitt verblühter Stauden • Staudenteilung und -pflanzung • Leimringe gegen Frostspanner an Obstbäumen ausbringen
Vollherbst, je nach Witterung ab Oktober	Laubfärbung von wildem Wein, Haselnuss, Apfel, Süßkirsche, Fruchtreife von Stieleiche und Rosskastanie, Beginn der Weinlese	• Nicht frostharte Zwiebeln und Knollen ausgraben, reinigen und trocken bei 4–10 °C lagern • Vorbereitung Winterquartier für frostempfindliche Pflanzen
Spätherbst, je nach Witterung ab Oktober	Laubfall von Stieleiche und Rosskastanie, allgemeiner Blattfall	• Laub auf Zierrasen harken und auf Kompost geben • Frostempfindliche Pflanzen ins Winterquartier • Winterschutz für empfindliche Pflanzen • Beginn Pflanzzeit von wurzelnackten Gehölzen und Rosen • Gräser zusammenbinden
Winter, je nach Witterung ab Ende November	Vegetationsruhe	

Bild oben: Um eine Heimat für Nützlinge zu zimmern, muss man kein Schreiner sein. Oft reichen schon in eine Baumscheibe gebohrte Löcher.

Bild links: Nobler hausen die fleißigen Gartenhelfer in einer Nützlingsvilla wie dieser, die sich dank begrüntem Dach nahtlos in den Garten einpasst.

Nützlinge

Stellen Sie sich vor, Ihr Garten wäre ein Unternehmen, dessen Führung allein in Ihren Händen liegt. Wäre es sinnvoll, neben Ihrer Position als Geschäftsführer in Personalunion alle anderen Organisationseinheiten von der Logistik über das Controlling, das Marketing und die Verwaltung zu übernehmen? Sicherlich nicht, denn dies wäre zeitlich kaum zu schaffen. Und ebenso, wie in erfolgreichen Unternehmen häufig Projekte an Drittunternehmen vergeben werden, können auch im Garten spezielle Arbeiten »outgesourct« werden. Interessanterweise mündet das nicht nur in einem geringeren Arbeits-

volumen für Sie, den Geschäftsführer, sondern auch in einem Plus für den Garten ganz allgemein. Denn dann ist »Gärtnern mit der Natur« angesagt. Dies kann, muss aber nicht ideologisch gefärbt sein. In Gärten, die auf Pflegeleichtigkeit ausgerichtet sind, resultiert dies aus der Notwendigkeit, Zeit zu sparen.
Outsourcing im Grünen geschieht dadurch, dass Aufgaben wie die Schädlingsbekämpfung durch Nützlinge erfolgen. Wussten Sie, dass ein Meisenpaar und seine Nachkommen pro Jahr 70 000 Raupen und 20 Millionen Insekten und Schädlinge vertilgen können? Das sind ziemlich viele Quälgeister, die Sie nicht beobachten, auf ihren Bedrohungsgrad hin einschätzen oder bekämpfen müssen. Für nahezu jeden Schädling gibt es einen natürlichen Feind – einen Nützling eben. Wenn Ihnen nicht der Sinn danach steht, jedes Wochenende mit gezückter Spritzflasche neben dem Rosenbeet auszuharren, sollten Sie Nützlingen ein ausreichend attraktives Anreizsystem bieten. Denn je größer die Pflanzen- und Tiervielfalt in Ihrem Garten ist, desto stabiler und widerstandsfähiger ist er auch gegen äußere Einflüsse.
Um sich möglichst viele Tiere in den Garten zu holen – und um sie auch im Garten zu halten –, gibt es einige Aspekte zu berücksichtigen. Da wäre einmal die Größe des Lebensraumes: Je größer seine Fläche, desto individuenreicher und stabiler ist die Population. Bei der Planung des Gartens sollten daher nicht zu viele sehr kleine, sondern lieber wenige, dafür aber umso größere Biotope vorgesehen werden – was ohnehin einer der Grundsätze des pflegeleichten Gärtnerns ist.
Je mehr Lebensräume nah beieinanderliegen, desto größer ist auch die Biodiversität. Sorgen Sie also für eine gute Vernetzung der einzelnen Biotope. Für viele Teichbewohner ist eine raspelkurz geschnittene, großflächige Rasenfläche eine Barriere, die sie niemals überqueren wür-

Bild oben: Bündel aus Bambusstangen können Wildbienen in den Garten locken. Je nach Art sind diese bereits ab März auf Wohnungssuche, was sie zu den wichtigsten Befruchtern von Obstgehölzen macht.

Übersicht der Gartennützlinge

Nützlingsart	Wirksam gegen	Beschreibung
Marienkäfer: Larve	Blattläuse, Schildläuse, Spinnmilben und Schadpilze	Die schiefergrauen, hell gefleckten Larven der über 70 heimischen Arten haben sich auf die Hauptfeinde des Gärtners spezialisiert: Blatt- und Schildläuse.
Florfliege: Larve	Blatt- und Blutläuse, Schildläuse, Spinnmilben, junge Raupen	Die Larven sind ca. 10 mm groß und braun gesprenkelt. Am Kopf sind zwei Zangen, die zum Festhalten und Aussaugen der Beute dienen. Florfliegen können von Zuchtstationen bezogen und in geschlossenen Räumen, bedingt auch im Freien eingesetzt werden.
Schwebfliege: Larve	Blattläuse, Spinnmilben	Die Larve ist gelblich bis braun und kann leicht mit einer kleinen Raupe verwechselt werden. Schwebfliegen werden vor allem von gelb blühenden Pflanzen in den Garten gelockt.
Schlupfwespe (verschiedene): Larven	Blattläuse, Weiße Fliege, Schildläuse, kohlschädigende Raupen	Schlupfwespen legen ihre Eier in die Wirte. Die ausschlüpfenden Larven fressen während ihrer gesamten Entwicklung in dem Wirt und verlassen ihn als ausgewachsene Schlupfwespe.
Räuberische Wanzen	Blattläuse, Spinnmilben, Zikaden und andere kleine Insekten	Die Wanzen sind graubraun oder grünlich, ihre Larven hellbraun oder hellgrün gefärbt und flügellos. Mithilfe eines kräftigen Rüssels werden die Opfer erdolcht und ausgesaugt.
Gallmücken (verschiedene): Larven	Blattläuse, Spinnmilben	Die Larven sind 2–3 mm groß und rosa gefärbt. Sie stechen Blattläuse an, lähmen sie und saugen sie aus.
Laufkäfer (verschiedene)	Engerlinge, Drahtwürmer, Raupen, Kartoffelkäfer, kleine Schnecken	Bis zu 45 mm große, nachtaktive Käfer, die meisten von ihnen sind nicht flugfähig.

den. Eine Wildstaudenrabatte, die sich vom Teich bis zur Hecke zieht, erleichtert Amphibien die Wanderung. Wenn sich sogar der Nachbar mit seinem Garten an der Verknüpfung der Biotope beteiligt, umso besser!

Bild oben: Zauneidechsen lassen sich im Garten ansiedeln, wenn sie ausreichend Versteckmöglichkeiten und Sonnenplätze vorfinden.

Eine weitere Maßnahme, die tierischen Helfer zur Arbeit zu motivieren, liegt im Facettenreichtum des Lebensraums. Denn je variabler er ist, desto gesünder ist er auch. Großflächige Monokulturen sehen nicht nur hässlich aus; bei einem Schädlings- oder Pilzbefall muss im schlimmsten Fall das ganze Areal gerodet werden. Gehen Sie bei der Gestaltung der Beete daher möglichst abwechslungsreich und vielfältig strukturiert vor und pflanzen Sie bevorzugt einheimische Arten mit langer Blütezeit.
Schaffen Sie außerdem Unterschlupfmöglichkeiten für Nützlinge. »Blinde Flecken« in Ihrem Garten wie Stein- und Totholzstapel, Wildwuchsecken, Brennnesselfelder, Laub- und Reisighaufen oder aufgeschichtetes Schnittgut machen zwar vom »ästhetischen« Standpunkt nur wenig her, sind für die Tierwelt aber essen-

ziell fürs Überleben. Tolerieren Sie deshalb auch einen geringen Schädlingsbefall. Viele chemische Spritzmittel schädigen Nützlinge. Verlieren Sie nicht sofort den Kopf, wenn Sie eine Blattlaus sehen. Immerhin ist sie die Nahrung von Marienkäfern. Erst wenn der Befall überhandnimmt, sollten Gegenmaßnahmen ergriffen werden. Diese müssen aber nicht sofort in eine chemische Behandlung münden.
Tatsache ist: Je mehr Nützlinge Sie im Garten ansiedeln können, desto weniger Schädlinge werden Sie langfristig in Ihrem Garten haben. Setzen Sie deshalb bewusst Blütenpflanzen und Sträucher, die für Insekten und Vögel eine Nahrungsquelle darstellen. Und stellen Sie den Tieren Nistmöglichkeiten zur Verfügung – idealerweise im Frühjahr. Oft reichen dazu schon sehr einfache Maßnahmen: zum Beispiel Schilf-, Bambus- und Holunderzweigbündel, Lochziegel oder angebohrte Hartholzblöcke, die an ungestörten Stellen aufgestellt und vor Feuchtigkeit geschützt werden. Spezielle Florfliegenhäuschen (mit Stroh gefüllte Holzkästen) vereinfachen den Florfliegen das Überwintern im Garten. Gleichermaßen locken mit Stroh gefüllte, kopfüber aufgehängte Tonblumentöpfe Ohrwürmer an. Wem die Zeit zum Selbermachen fehlt: Insektenhotels gibt es in zahlreichen Variationen auch im Fachhandel zu kaufen.

Gut zu wissen

»Outsourcing« anfordern

Nützlinge können bei verschiedenen Zuchtstationen auch per Post bestellt werden. Wichtig ist, dass sie unmittelbar am Ankunftstag ausgebracht werden, da die Tiere bereits hungern. Lediglich die Fadenwürmer (Nematoden) können bis zu einer Woche im Kühlschrank lagern.

Die Armada aus Nützlingen wird durch Ohrwürmer, Kröten, Igel, Maulwürfe, Spinnen und Vögel komplettiert.

Bild oben: Chemische Spritzmittel schaden Nützlingen, allen voran den Bienen, die zu den wichtigsten Bestäubern von Pflanzen gehören.

Bild links: Das Europäische Eichhörnchen kann mit einem Sprung Distanzen von vier bis fünf Metern überwinden.

Bild oben: Die für das Tagpfauenauge charakteristischen Augenflecke an den Flügelspitzen dienen dazu, Fressfeinde abzuschrecken. Seine Raupen ernähren sich vorwiegend von der Großen Brennnessel.

Vermeiden statt bekämpfen

Mit pflanzlichen Krankheiten verhält es sich häufig wie mit Grippewellen: Kaum hat die erste Person eine tropfende Nase, sind alle krank. Ebenso ist es im Pflanzenreich. Kranke Pflanzen sind immer eine Bedrohung für die gesunden. Eine Gegenmaßnahme liegt somit – wie bei Menschen – in der entsprechenden Hygiene. Das heißt: befallene Pflanzenteile so schnell als möglich abschneiden und entsorgen. Werkzeuge, Erde oder Schuhe, an denen Pflanzen haften, gut reinigen. Dies ist besonders bei bakteriellen Erkrankungen wie dem Feuerbrand essenziell, wo Scheren, Handschuhe, selbst die Auflagefläche des Fahrzeuges, mit dem die infizierten Pflanzen abtransportiert wurden, mit Alkohohl gereinigt werden müssen. Virusbefall an Gurken und Tomaten kann auch durch Blattläuse oder andere Insekten weitergetragen werden – oder durch den Menschen, wenn er die Pflanzen aufbindet. Auch Pfähle oder Stangen, die zum Aufbinden der Pflanzen genutzt wurden, müssen gereinigt werden.

Zu den Maßnahmen, wie einem Schaderregerbefall im Garten mechanisch begegnet werden kann, gehören:

- Absammeln und Vernichten von Eigelegen, Zerdrücken von Blattläusen
- Abschneiden erkrankter Pflanzenteile
- Abschrecken (beispielsweise Schneckenzäune oder Drahtgitter gegen Wühlmäuse)
- Fernhalten von Schädlingen durch Vliese oder Kulturschutznetze
- Durch die richtige Gießtechnik für trockenes Laub sorgen (ein Schutzdach über Tomaten kann eine vorbeugende Maßnahme gegen Kraut- und Braunfäulebefall sein)

- Nicht zu eng pflanzen, sodass der Bestand gut durchlüftet wird (eine Maßnahme gegen pilzliche Infektionen)
- Durch akustische oder optische Reize lassen sich z. B. Vögel aus dem Kirschbaum fernhalten.

Eine weitere Möglichkeit, einen Schädlingsbefall zu vermeiden, liegt in der Stärkung der Pflanzen. Gut gestärkte Pflanzen erkranken weniger schnell, müssen also nicht so häufig – wenn überhaupt! – behandelt werden. Oberstes Gebot bei der Versorgung mit Nährstoffen ist, dass die Pflanzen stets über ausreichende Wasser-, Luft- und Nährstoffkapazitäten verfügen sollten, aber eben nicht über zu viel.

Allem voran ausschlaggebend für das pflanzliche Wohlbefinden ist die Gesundheit des Bodens. Gradmesser für seine Qualität ist die Menge und Vielfalt an Bodenorganismen, die hier leben. Werden diese Mikroorganismen gefördert, können Krankheitskeime bestenfalls schon im Boden abgetötet werden. Dies erfolgt am einfachsten durch drei Maßnahmen: durch die Verwendung von Pflanzenstärkungsmitteln und Kompost, die richtige Bodenbearbeitung sowie das Ausbringen von Mulch.

Pflanzenstärkungsmittel

Im Krisengebiet zwischen Blattlaus, Mehltau und Hagelschlag sollte die Pflanze die besten Vorabbedingungen erhalten, um gestärkt in den Boxring zu treten. Denn ist sie ausreichend fit, erkrankt sie weniger schnell – und auch weniger häufig. Eine Maßnahme zur Pflanzenstärkung sind Pflanzenstärkungsmittel und Bodenhilfsstoffe. Erstere erhöhen die Widerstandsfähigkeit der Pflanzen gegen Krankheitserreger, Letztere verbessern die Struktur des Bodens. Unterteilt werden sie in Produkte

- auf anorganischer Basis wie Gesteinsmehle, Tonerden, Kreide und weitere Karbonate,
- auf organischer Basis wie Kompostextrakte, Huminsäuren, Extrakte und Aufbereitungen aus Algen (inbesondere Meeresalgen) und höheren Pflanzen, pflanzliche sowie tierische Öle,

Bild oben: Der Große Kohlweißling ist ein weitverbreiteter Schmetterling. So hübsch er beim Nektartrinken aussieht, so unbeliebt sind bei manchen Gärtnern seine Raupen.

- auf homöopathischer Basis sowie
- auf mikrobieller Basis (Pilz- und Bakterienpräparate).

All diese Mittel sind in der Regel keine chemisch-synthetischen Produkte, sondern natürlichen Ursprungs. Sie werden nicht wie Pflanzenschutzmittel direkt gegen bestimmte Krankheiten und Schädlinge eingesetzt, sondern erhöhen ganz allgemein die Widerstandsfähigkeit von Pflanzen. »Heilen« kann man sie damit allerdings nicht. Teils werden sie als dünner Schutzmantel über die Pflanzen gestäubt, wodurch sie eine Barriere für Schadinsekten, Milben und Pilzsporen bilden. Andere, vor allem silikathaltige Produkte regen die Pflanzen an, Schutzstoffe ins Laub einzulagern, was das Eindringen der Schaderreger (z. B. Pilze) erschwert. Die dritte Gruppe fördert das Bodenleben und aktiviert vorhandene Nähr- und Inhaltsstoffe, wirkt sich also positiv auf die Bodengesundheit, die Wurzeln und das Wachstum der Pflanze aus.

Bild oben: Selbst wenn der Platz für eine großformatige Kompostmiete nicht ausreicht, viereckige Kisten aus Holzlatten erfüllen den gleichen Zweck.

Kalk ist ein Produkt auf organischer Basis, das im Garten einen Doppelnutzen hat. Er versorgt die Pflanzen mit Dünger, ist aber auch ein wichtiger Bodenverbesserer. Kalk regt das Bodenleben an und verbessert die Krümelstruktur des Bodens. Gleichzeitig neutralisiert er Säuren, die über die Niederschläge eingehen oder von Wurzeln abgegeben werden. Allerdings sollte vor der Kalkung eine Bodenanalyse vorgenommen werden, um den pH-Wert und somit die exakte Menge an benötigtem Kalk zu ermitteln.
Das einfachste und beste Pflanzenstärkungsmittel, über das Ihr Garten verfügt, produziert er allerdings von ganz alleine. Alles, was über das Jahr geschnitten, gejätet, entsorgt und abgeworfen wird, kann Teil des großen Kreislaufs aus Entstehen und Vergehen werden – und zwar, indem es kompostiert wird.

Kompostieren

Die Wiederverwendung verrotteter Gartenmaterialien kann durchaus als das »älteste Recyclingverfahren der Welt« bezeichnet werden. Gartenkompost entsteht dadurch, dass Milliarden von Bakterien, Pilzen und kleinen Bodentieren alles, was an »grünem Müll« anfällt, in sorgfältiger Kleinarbeit in schwarze, feinkrümelige und nährstoffreiche Erde zersetzen. Das Ergebnis ist eine nahezu alchemistische Verwandlung von »grünem Müll« in »schwarzes Gärtnergold«. Doch einen eigenen Komposthaufen anzulegen und einigermaßen fachgerecht zu schichten ist zeitintensiv. Auch der Aufwand ist nicht zu unterschätzen, denn er sollte einmal im Jahr umgedreht werden, um den Verrottungsprozess zu beschleunigen. Dies ist mühsam und kann körperlich anstrengend werden. Das Verteilen des Komposts im Frühjahr kostet ebenfalls Zeit, ist mit viel Dreck verbunden und strengt die Muskeln an. Und dann scheitert das Projekt »Kompost homemade« auch häufig am Standort, selbst wenn kein klassischer Komposthaufen von drei Metern Länge errichtet wird, sondern nur ein kleinformatiger Drahtsilo oder ein viereckiger aus Holz.

Viele Faktoren sprechen aber auch für die Anlage eines Komposthaufens. Bioabfälle dem eigenen Gartenkreislauf wieder zuzuführen verringert (je nach Kostenstruktur Ihres Entsorgers) die Abfallgebühren und ist ein Beitrag zum Umweltschutz. Kompost vergrößert außerdem die Nährstoff- und Sauerstoffreserven im Garten und bildet wertvollen Humus, der die Pflanzen widerstandsfähiger macht und den Boden mit allen wichtigen Nährstoffen düngt. Damit ersetzt er mineralischen Dünger, der somit weder gekauft noch verteilt werden muss. Für das natürliche Gleichgewicht im Garten ist ein Komposthaufen unersetzlich.

Der ideale Platz für einen Kompost ist im Schatten von Bäumen oder Hecken auf unversiegeltem Boden – aber nicht zu dunkel, denn hin und wieder sollte ihn ein Sonnenstrahl wärmen. Damit der Verrottungsprozess ohne Komplikationen vonstattengeht, muss auf eine gute Sauerstoffversorgung geachtet werden. Diese gewährleistet, dass die Rotte nicht in Fäulnis umschlägt. Dazu eine mindestens 15 Zentimeter dicke Schicht aus Häckseln oder klein geschnittenen Ästen zuunterst in den Silo geben. So kann genug Sauerstoff von unten nachströmen, wenn die warme Luft in der Rotte nach oben steigt. Die Gartenabfälle werden gut zerkleinert und abwechselnd eingeschichtet. Dabei gilt: Den Kompost besser mit zu viel als zu wenig Strukturmaterial ansetzen, idealerweise sollten 30 % des Gesamtvolumens aus Häcksel oder Heckenschnitt bestehen.

- Wenn Brennnesseljauche hinzugegeben oder der Kompost mit Kompost-Starter geimpft wird, verläuft der Verrottungsprozess rascher.
- Der Kompost sollte »erdfeucht« sein – bei langer Trockenheit also anfeuchten, bei starken Regenfällen gegen Nässe schützen.
- Ein Kompostsilo, in dem sich halb verrottete, schön geschichtete Gartenabfälle befinden, kann zum Gemüsebeet umfunktioniert werden. Starkzehrer wie Gurken und Kürbis finden dort alles, was sie für ein üppiges Wachstum brauchen.

Bild oben: Das »schwarze Gärtnergold« Kompost ersetzt mineralischen Dünger und versorgt den Boden mit allen wichtigen Nährstoffen.

Gut zu wissen

Geeignete Materialien für den Kompost

Gartenabfälle, Rasenschnitt und Laub, zerkleinerte Zweige, Küchenabfälle (Gemüsereste, Obst, Kaffeesatz, Tee, zerkleinerte Eierschalen), Haare (auch von Tieren), kompostierbare Säcke sowie Tiermist von Pflanzenfressern. Obst- und Gemüsereste sollten etwas antrocknen und in Zeitungspapier gepackt werden, da sie sehr viel Wasser enthalten. Das Papier saugt die überschüssige Feuchtigkeit auf und macht den Komposthaufen locker.

Nicht auf den Kompost gehören hingegen alle unverrottbaren, schadstoffhaltigen oder für den Humus schädlichen Materialien wie gekochte Speisereste, Fisch, Fleisch, der Inhalt von Staubsaugerbeuteln, Kehricht, Zigarettenreste, Hochglanzpapiere und Sanitärartikel. Auch samentragende Unkräuter, Wurzelunkräuter sowie kranke Pflanzenteile lieber nicht auf den Kompost geben, da sie nur bei sehr hohen Verrottungstemperaturen unschädlich gemacht werden.

Bild oben: Das unermüdliche Heinzelmännchen des Gartens, nur ohne Zipfelmütze: der Regenwurm.

Bild links: Graben, Hacken und zu tiefgründiges Jäten sind Arbeiten, die oft von der To-do-Liste gestrichen werden können.

Nach ca. drei Monaten kann aus den unteren und inneren Schichten der Frischkompost geerntet werden, der sich zum Mulchen anbietet. Für die Aussaat ist er weniger gut geeignet, da er stark düngend wirkt. Reifen Kompost erhält man nach ca. 6–12 Monaten. Wird er mit der gleichen Menge Gartenerde vermischt, kann er auch für Saatbeete, Balkonkästen und Pflanzarbeiten verwendet werden.

Mechanische Bodenpflege

Können Sie sich vorstellen, dass in einer Handvoll gutem Humusboden mehr Lebewesen existieren, als es Menschen auf der Erde gibt? Und der Großteil davon sind keineswegs nur Regenwürmer oder Wühlmäuse, die gut sichtbar für das menschliche Auge ihre Gänge durch den Gartenboden graben. Heerscharen von Mikroorganismen, Pilzen, Pflanzen und Tieren geben sich da direkt unter unseren Füßen ein fröhliches Stelldichein. Ihnen ist so einiges zu verdanken, denn je zahlreicher, facettenreicher und gesünder sie sind, desto besser ist die Qualität des Bodens. Es sollte also zu den obersten Prioritäten des Gärtners gehören, dieses Bodenpersonal bei Laune zu halten. Die Vorstellung, der manch ein Hobbygärtner nachhängt – dass im Herbst jedes freie Stückchen Boden spatentief umgegraben werden muss –, ist ein Irrglaube und schadet mehr, als dass sie hilft. Schließlich gerät bei jedem mechanischen Umgraben die Welt der Bodenlebewesen komplett aus den Fugen. Stattdessen gilt:

- Die natürliche Schichtung des Bodens wann immer möglich erhalten.
- Statt beim Unkrautjäten tief zu hacken, reicht es, wenn einmal unter den Wurzeln mit einem hakenförmigen Werkzeug flach durchgezogen wird. Die solcherart »gekappten« Wurzelunkräuter können mit dem Rechen einfach vom Beet entfernt werden.
- Den Boden nicht in nassem Zustand bearbeiten, da es dann leicht zu Bodenverdichtung kommt. Führt kein Weg daran vorbei, ein Holzbrett unterlegen, sodass sich das Körpergewicht gleichmäßiger verteilt.
- Sehr stark verdichtete Böden am besten mittels Gründüngung lockern.
- Ein spatentiefes Umgraben ist nur bei schweren Lehmböden notwendig, die im Frühjahr bestellt werden sollen. Werden sie vor dem Winter umgegraben, zerkleinert der Frost die Schollen und sorgt für eine feinkrümelige Struktur.

Gut zu wissen

Die wohl bekanntesten Landschaftsgärtner

Von den weltweit rund 3000 Regenwurmarten sind in Deutschland 39 unter Tage beschäftigt. Am eifrigsten widmen sich dem Durchpflügen des Bodens der Tauwurm oder Gemeine Regenwurm (Lumbricus terrestris) sowie der etwas kleinere Kompostwurm (Eisenia foetida). Ein Regenwurm nimmt pro Tag die Hälfte seines Körpergewichts an Nahrung zu sich, was bei einem Menschen 30–40 kg pro Tag entspräche. Seine Ausscheidungen haben eine drei- bis viermal höhere Konzentration an Nährstoffen als der umliegende Boden. Auch in Sachen Tunnelbau leisten Regenwürmer Beachtliches: Auf einen Quadratmeter Fläche bis in die Tiefe von 1,50 Metern erarbeitet sich eine Regenwurmkolonie ein Gangsystem von unglaublichen 400–1000 Metern.

Bild oben: Effektiv zeitsparend gegärtnert wird durch Mulchen. Eine Schicht aus organischem Material wie beispielsweise Rasenschnitt unterdrückt Unkrautwuchs und hält die Feuchtigkeit im Boden.

Bild ganz oben: Je nach Nutzung, Standort und Gartenstil können unterschiedliche Mulchmaterialien zum Einsatz kommen.

Bild oben: Rindenmulch setzt beim Verrotten Gerbsäure frei. Er sollte daher nur zwischen Bäumen und Sträuchern angewendet werden.

Mulchen

Vom Klangbild her ist »Mulch« kein besonders anmutig klingender Begriff. Er weckt Assoziationen an muhende Kuhherden oder dickbäuchige Amphibien. Dabei ist »Mulch« ein Zauberwort, das die Lösung vieler Gartenprobleme verspricht. Organisches Material in einer 5–10 cm hohen Schutzschicht unter Baumscheiben oder auf Rabatten zu legen ist keineswegs eine Erfindung der Neuzeit, sondern wurde bereits im Altertum praktiziert. Bei vielen Gartenbesitzern scheint jedoch noch immer der Glaube vorzuherrschen, dass Beete, die außer einer Bepflanzung keine weitere Deckschicht aufweisen, der Normalzustand seien. Einzig Rinden- oder Kiesmulch haben sich bislang als akzeptable Abdeckung etabliert. Doch gerade normaler Rindenmulch ist für die wenigsten Beete geeignet, da er sehr viel Gerbsäure enthält. Den wenigsten Pflanzen behagt dies, schon gar nicht Rosen. Dabei gibt es neben diesen zwei Mulchvarianten zahlreiche andere geeignete Materialien. Sie auf die Beete auszubringen erfordert insofern ein wenig Überwindung, als dass es sehr viel »normaler« gilt, die Beete winters wie sommers nackt zu lassen. Dabei sprechen die positiven Aspekte einer organischen Mulchschicht für sich. Durch das Ausbringen dieser pflanzlichen Restmaterialien werden Mikroorganismen und Würmer ernährt, die quasi als Dankeschön Nährstoffe freisetzen, die Humusversorgung verbessern und den Boden locker halten. Dies kommt den Wurzeln der Pflanzen zugute, die prompt gesünder wachsen. Zudem verhindert eine Mulchschicht das Wurzeln von Samenunkräutern und reguliert die Temperatur des Bodens. Ein weiterer Effekt ist, dass sich, da die Einflüsse von Wind und Sonneneinstrahlung gemildert werden, die Wasserverdunstung verringert. Dies trägt zur Verbesserung des Wasser- und Lufthaushaltes bei – und minimiert den Gießaufwand. In mehrfacher Hinsicht also ein Zeitgewinn für den arbeitsmüden Gartenbesitzer! Bevor Sie das Material ausbringen, sollte der Boden leicht gelockert und feucht sein. Unkräuter, insbesondere Wurzelunkräuter wie Giersch oder Ackerwinde, unbedingt entfernen! Wird im Gemüsegarten gemulcht, sollten etwa 10 cm um jede Pflanze frei gelassen werden, damit sie nicht erdrückt wird. Eine Mulchschicht unter Bäumen darf nur 2–3 cm dick sein und sollte 20 cm vor dem Baumstamm enden, damit sich keine Mäuse einquartieren.

Bei der Verwendung der diversen Mulchmaterialien gelten zusätzlich die folgenden Aspekte:

- Frische Brennnesselblätter können als dicke Mulchschicht direkt in die Beete gelegt werden – am besten samt Stielen, da dies zugleich Schnecken abschreckt. Ähnlich effektiv ist Beinwelllaub.
- Manche Mulcharten auf Holzbasis haben dank ihrer faserigen Struktur schneckenhemmende Wirkung und können, wenn sie frei von Gerbsäuren sind, auch zwischen empfindlichen Gehölzen und Stauden eingesetzt werden.
- Relativ neu als Mulchmaterial ist Xylit, ein holziges, strohig-faseriges Material, das beim Braunkohleabbau anfällt. Es ist stickstoffstabil und mikrobiologisch unbelebt, weswegen es nur sehr langsam verrottet. Zudem hat es schneckenabweisende Eigenschaften.
- Keine kranken oder von Schädlingen befallenen Pflanzenteile zum Mulchen verwenden, da dies eine Neuinfektion verursachen könnte. Auch samentragende Unkräuter sind als Mulchmaterial ungeeignet.
- Sehr feines Material wie Sägemehl ist ebenfalls ungeeignet, da es Wasser stark bindet, was zur Verschlämmung und in Folge zur Algen- oder Moosbildung führt.

Bild unten: Lavasplitt dient als Wärme- und Wasserspeicher und verträgt sich glücklicherweise mit fast allen Gartenpflanzen.

Bild oben: Auf Abruf bereit oder doch eher eine Kunstinstallation? In Reih und Glied aufgestellt, dienen diese Gießkannen weniger dem Bewässern als vielmehr dekorativen Zwecken.

Düngen

Ob man sich angesichts der wenigen Freizeit die Arbeit machen will, hausgemachten Kompost mit der Schubkarre auf den Beeten zu verteilen, oder eben doch lieber Dünger aus dem Fachhandel bezieht, sollten Sie selbst für sich entscheiden. Tatsache ist, dass ein Garten, der alljährlich mit Kompost bereichert und mit Schnittgut gemulcht wird, ein selbstregulierendes System ist. Für eine ausgewogene Pflanzenernährung reichen 3 l/m² und Jahr an Kompost (was einer Gabe von 100 g/m² Volldünger entspricht) völlig aus und machen zusätzliche Düngegaben in der Regel unnötig.

In Sachen Pflegeaufwand stehen somit auf der einen Seite das Vor-Ort-Produzieren von Gartenkompost sowie sein Ausbringen, auf der anderen Seite das Kaufen und Verteilen von organischem oder mineralischem Dünger.

Gerade was den käuflichen Dünger anbelangt, gibt es unter Hobbygärtnern einen weitverbreiteten Irrglauben. In der Annahme, viel Dünger ergäbe viel Ertrag, tun manche Hobbygärtner zu viel des Guten und überdüngen ihre Gärten hoffnungslos. Dabei mündet Überversorgung mit Phosphor und Kalium keineswegs in gesünderen, sondern in kränkeren Pflanzen und weniger Ertrag, ebenso wie eine einseitige Stickstoffdüngung zu mastigem Gewebe und somit anfälligeren Pflanzen führt.

Natürlich ist es so, dass, je mehr Nährstoffe dem Garten entzogen und nicht als Kompost wieder zurückgeführt werden, umso mehr nachträgliche Düngergaben erforderlich werden. Dies ist vor allem bei Zierrasenflächen der Fall, die häufig geschnitten werden. Wird der Rasenschnitt entsorgt, entsteht im Laufe der Zeit ein Nahrungsdefizit, das durch Düngegaben ausgeglichen werden muss.

Auch im Gemüsegarten oder in Staudenrabatten kann es ein Zuwenig an Nahrung geben, wann immer Material aus dem Beet entfernt wird. Anzeichen für Mangelerscheinungen sind in der Regel ein geringerer Ernteertrag, ein reduziertes Strauchwachstum, rötliche oder gelbgrüne, »chlorotische« Verfärbungen von Blattteilen oder das Absterben bestimmter Blattbezirke, wovon zumeist die älteren Blätter betroffen sind.

Als Basis für die Düngegaben sollte stets das Resultat der Bodenanalyse dienen. Zu berücksichtigen ist auch, dass unterschiedliche Pflanzen unterschiedliche Nahrungsbedürfnisse haben, wie beispielsweise die Stark-, Mittel- und Schwachzehrer im Gemüsegarten oder die »Hungerkünstler« der Stein- und Kiesgärten. Auch der Wachstumszustand der Pflanzen ist ein Faktor, denn je stärker die Pflanze wächst, desto höher ihr Nährstoffbedarf. Gemüse sollte vier bis sechs Wochen vor der Ernte nicht mehr gedüngt werden, und bei Gehölzen und Rosen ist der Juli der letzte Düngetermin – ansonsten besteht die Gefahr, dass das Holz nicht richtig ausreift und empfindlicher für Frostschäden wird.

Gedüngt wird entweder in Festform, durch Gießen, Sprühen oder Stäuben, z. B. Kalk. Besonders praktisch sind die neu entwickelten Garten-Sofortdünger, die als Applikator an den Gartenschlauch angeschlossen werden. Das Gerät wählt dabei automatisch die richtige

Bild oben: Mit etwas Fantasie kann Ausgedientes wie diese Gießkannenköpfe sehr originell in Szene gesetzt werden.

Bild oben: Geld und Ressourcen lassen sich sparen, wenn Regenwasser über mehrere miteinander verbundene Regentonnen gesammelt wird.

Dosierung von Wasser und Dünger. Somit werden zwei Fliegen mit einer Klappe geschlagen: Während die Pflanze mit Wasser versorgt wird, erhält sie gleichzeitig fehlende Nährstoffe. Schnelle Abhilfe bei akutem Nährstoffmangel schaffen handelsübliche Mineraldünger, da die Pflanzen deren wasserlösliche Nährstoffe in der Regel sofort aufnehmen. Da das Nitrat im Boden allerdings kaum gespeichert wird, wird es vom Regen schnell in tiefere Bodenschichten verlagert, wo es die Qualität des Grundwassers beeinträchtigen kann.

Langzeitdünger muss nur einmal in der Saison ausgestreut werden. Die Körner sind von einer Harzhülle umgeben, die sich langsam auflöst und die Nährstoffe freigibt. Organische Dünger wie Hornmehl, Rinderdung oder organischer Volldünger entfalten ihre Wirkung sehr viel langsamer, da sie von den Bodenorganismen erst zersetzt und somit für die Pflanzen verfügbar gemacht werden müssen. Allerdings sind sie auch die umweltfreundlichste Variante.

- Gedüngt wird nur während der Wachstumsperiode, und zwar lieber oft und schwach als selten und hoch dosiert.
- Dünger sollte niemals auf trockene Wurzelballen ausgebracht werden.
- Topf- und Balkonpflanzen haben ganz klar einen höheren Bedarf an zusätzlichen Nährstoffen als Stauden, die in tiefgründigen Rabatten wachsen. Die regelmäßige Düngung des Topfgartens darf daher keinesfalls vergessen werden und sollte sofort einsetzen, wenn das Nahrungsdepot durch die Blumenerde erschöpft ist.
- Prachtstauden wie beispielsweise der Rittersporn benötigen mehr Dünger als Polsterstauden. Allgemein gilt für Staudenrabatten, dass sie erstmalig zur Zeit des Austriebs, das zweite Mal nach erfolgter Blüte im Juli gedüngt werden.
- Spezialdünger sind auf die individuellen Anforderungen einer bestimmten Pflanzengruppe zugeschnitten. Rasendünger beispielsweise wird zweimal pro Saison ausgebracht. Wichtig ist das gleichmäßige Verteilen der Kügelchen – hierzu bietet sich bei größeren Flächen ein Streuwagen an.

Wasserverwertung

In den Sommermonaten, wenn die Sonne hoch am tiefblauen Himmel hängt und die Temperaturen kaum unter 30 °C fallen, scheint Ruhe im Garten eingekehrt zu sein. Bienen brummen gemütlich von Blüte zu Blüte, am Abend setzen die Grillen unisono zum Konzert an, und zwischen Rosenessenz und Lavendelparfüm zieht der Geruch frisch gegrillter Würstchen dahin. All dies könnte aus vollstem Herzen genossen werden – wenn da nur nicht die leidige Arbeit des Gießens wäre. Denn je heißer, desto durstiger sind viele unserer grünen Freunde, und wenn nicht rechtzeitig für Abkühlung gesorgt wird, ist nicht Grillfeststimmung, sondern Katzenjammer angesagt.

Das Wässern von Töpfen und Rabatten ist für viele Hobbygärtner nicht nur vom Zeitaufwand her eine lästige Angelegenheit. Es kann durchaus teuer werden, die Pflanzen immerzu mit frischem Leitungswasser zu versorgen. Dabei lässt sich dies sehr viel einfacher und eher an die Bedürfnisse der Pflanzen angepasst praktizieren. Das beste Gießwasser für Pflanzen ist Regenwasser. Es ist weich, kalkarm, wohltemperiert – und benetzt ganz umsonst jedes Hausdach. Anstatt es ungenutzt im Abfluss verschwinden zu lassen, sollte jedes Tröpfchen gesammelt werden. Gespeichert wird es in Regentonnen oder Zisternen. Idealerweise werden mehrere Tonnen über Verbindungsarmaturen miteinander kombiniert. Sobald eine Tonne voll ist, läuft das überschüssige Wasser über den Verbindungsschlauch in die nächste. Noch mehr Wasser lässt sich mittels eines unterirdischen Tanks oder einer Zisterne sammeln. Der Aufwand bei ihrem Einbau ist zwar groß, doch sie fassen ein Vielfaches an Inhalt der einfachen Regentonne. Überdies können Pflanzen darauf trainiert werden, mit wenig Wasser auszukommen. Anstatt sie mit täglichen Wassergaben zu verwöhnen, sollten sie lieber selten, dafür umso durchdringender gegossen werden. Um zu prüfen, ob genug Wasser gegeben wurde, die Finger direkt neben der Pflanze in die Erde bohren. Wenn in 10 Zentimetern Tiefe der Boden noch immer gut durchfeuchtet ist, war die Wassergabe ausreichend. Die beste Uhrzeit zum Gießen sind die sehr frühen Morgenstunden. So haben die Pflanzen noch genug Zeit, das Wasser aufzusaugen, und die Blätter können den Tag über abtrocknen. Wird abends gewässert, kann das feuchte Laub Schnecken anlocken oder Pilzbefall auslösen. Achten Sie beim Gießen darauf, dass immer gezielt an der Pflanze gewässert wird, nicht großformatig über das ganze Beet. Dies spart Wasser und reicht der jeweiligen Pflanze vollkommen. Ein zusätzlicher Trick ist es, um die Pflanzen herum eine Gießgrube zu formen. Dies bietet sich vor allem bei abschüssigem Gelände oder bei frisch gesetzten Pflanzen (vor allem Sträuchern) an. Hierzu den Boden um die Pflanze etwas vertiefen, sodass das Gießwasser direkt ans Wurzelwerk gelangt und nicht in alle Richtungen davonfließt. Die Kuhle dann satt einschwemmen. Selbst bei Trockenheit reicht es, wenn auf diese Art zweimal in der Woche gegossen wird. Je länger das Wasser sich im Boden hält, desto weniger häufig muss gegossen werden. Um unerwünschte Verdunstung möglichst effektiv zu reduzieren, bietet es sich an, den Boden zu mulchen oder aber extra Bodenhilfsstoffe in die Erde zu mischen. Natürliche Substanzen, die dafür infrage kommen, sind Lavasand, Ton, Vermiculit oder Bims. Manche Hersteller haben spezielle Betonite oder Trägergranulate im Sortiment, die den Gießaufwand um über 50 % reduzieren sollen. Zusätzlich gibt es synthetische Substanzen, die bis zu 70 % ihres Eigenvolumens an Wasser speichern und bedarfsgerecht wieder an die Pflanzen abgeben.

Gut zu wissen

Rasen sprengen?
Im Vergleich zu anderen Gartenbereichen haben Rasenflächen einen deutlich höheren Wasserverbrauch. Wie aber den Rasen mit akzeptablem Wasserverbrauch grün halten? Wichtig ist, ihn in den warmen, sonnigen Monaten niemals zu kurz zu schneiden. Stellen Sie den Rasenmäher daher lieber eine Stufe höher ein. Dies gewährleistet, dass weniger Feuchtigkeit verdunstet und sich die Halme gegenseitig beschatten.

Nachsorge

Ist der Schädlingsbefall so groß, dass kein Weg mehr an einer chemischen Spritzung vorbeiführt, sollten Sie sich Folgendes vor Augen halten: Chemische Pflanzenschutzmittel (Pestizide) sind künstlich erzeugte Substanzen, die auch für Menschen, Haustiere und Nützlinge schädlich sein können. Überdies sind sie alles andere als günstig, insbesondere da eine einmalige Spritzung in den meisten Fällen kaum einen Effekt hat. Überlegen Sie gut, ob eine Spritzung wirk-

Bild oben: Vor allem im Rosengarten sollte krankes Laub aufgesammelt und entfernt werden, um die Gefahr einer Neuinfektion zu begrenzen.

lich vonnöten ist. Die wenigsten Pflanzen sterben bei Schädlingsbefall komplett; häufig reicht es, befallene Triebe abzuschneiden, das Laub aufzusammeln oder auch einfach nur zu warten, bis sich das Problem von selbst gelöst hat. Grundsätzlich gilt für den Einsatz von Chemie, dass – ganz wie bei einem Medikament für Menschen – die Packungsbeilage intensiv gelesen werden sollte. Pflanzenschutzmittel dürfen nur angewendet werden, wenn sie mit der Angabe »Anwendung im Haus- und Kleingartenbereich zulässig« gekennzeichnet sind. Notieren Sie sich außerdem die Termine der Spritzungen, halten Sie sich an die angegebenen Wartefristen und variieren Sie die Mittel, um einer Immunisierung der Schädlinge vorzuwirken. Tragen Sie eine Schutzbrille, Handschuhe, langärmelige Kleidung und im Zweifelsfall auch einen Mundschutz. Spritzen Sie nur bei Windstille und essen oder trinken Sie nicht bei der Arbeit. Verbrauchen Sie jeden Milliliter der angesetzten Brühe, da Reste schnell verderben und teils als Sondermüll entsorgt werden müssen. Versuchen Sie, nur solche Mittel anzuwenden, die weniger gefährlich für Nützlinge und vor allem nicht bienenschädlich sind. Die Pflanzen sollten außerdem nicht mit Tau benetzt sein, da sonst die Spritzbrühe abläuft, dürfen aber auch nicht durch zu große Hitze oder trockenen Boden gestresst sein. Nach der Behandlung darf es mehrere Stunden nicht regnen, damit das Mittel überhaupt einwirken kann.

Wenn Sie sich nicht sicher sind, um was für eine Krankheit es sich exakt handeln könnte: Mittlerweile gibt es Datenbanken im Internet, die Suchmöglichkeiten, Erläuterungen zu Schaderregern, Diagnosehilfe und vieles mehr bieten. Zusätzlich bieten Forschungsinstitute, Hersteller von Pflanzenschutzmitteln und sogar manche Baumschulen »Ferndiagnose«-Möglichkeiten an. Hierzu den Befall fotografieren und per E-Mail an die entsprechende Stelle schicken. Sollten Sie die Zeit und das Engagement erübrigen können (oder sollten Sie Kinder haben, die frühmorgens bis spätabends im Garten spielen), versuchen Sie, eigene biologische Spritzbrühen anzusetzen, beispielsweise eine Brennnesseljauche oder Schachtelhalmbrühe.

Kleingeräte und Maschinen

Gärten und Computer haben etwas gemeinsam: Beide funktionieren nur dann einwandfrei, wenn die Hardware stimmt. Die Hardware des Gartens sind die Geräte. Manche sind bei der Gartenarbeit unersetzlich, andere wiederum verschwenden nur Platz im Gerätehäuschen. Der wichtigste Aspekt allerdings ist, dass Billigmaterial die Arbeit nicht leichter macht. Qualitativ

hochwertige Schaufeln, Rechen oder Scheren haben ihren Preis, doch diese Investition lohnt sich. Immerhin sollen die Geräte nicht nur eine Saison, sondern ein Gärtnerleben lang halten – und nicht ständig ersetzt, repariert oder gar neu gekauft werden müssen. Achten Sie darauf, dass Stiele aus Massivholz bestehen und so lang sind, dass Sie sie aufrecht und mit geradem Rücken anwenden können. Auch die Schärfe der Werkzeuge, vor allem von Scheren, lässt die Arbeit zügiger vonstattengehen. Werkzeuge, bei denen Blatt und Hals aus einem Metallstück geformt wurden, sind am haltbarsten.
Zur Grundausstattung eines Gartens gehören Schaufel, Spaten, Mist- und Grabgabel, Laub- und Planierrechen, ein Gärtnermesser, eine Hacke, eine Handgabel, ein Spatel und ein Besen. Komplettiert wird die Aufzählung durch Gartensäge, Gießkanne, Handschuhe, Arbeitsschuhe, Schlauch, Rasenmäher und die diversen Scheren: Gartenschere, Heckenschere und ggf. eine Astschere. Säubern Sie die Geräte nach erfolgter Arbeit und verwahren Sie sie an einem trockenen Ort. Falls Sie den Aufwand einer regelmäßigen Reinigung scheuen, muss spätestens im Herbst eine Generalreinigung erfolgen. Dazu Erdklumpen abkratzen, Stiele mit der Bürste abschrubben und Metallteile einfetten. Je besser sie gepflegt sind, desto länger halten sie. Auch Scheren sollten regelmäßig gereinigt werden. Wischen Sie die Klinge mit einem Lappen ab und ölen Sie die beweglichen Teile. Dazu bietet der Fachhandel Kombi-Sprays an, die gleichzeitig auch Verschmutzungen entfernen. Anstelle von Draht zum Festbinden von Rosen oder Kletterpflanzen sollten Schnüre aus Bast, Jute oder Kokos verwendet werden. Diese haben den Vorteil, dass sie verrotten und einfach in den Kompost gegeben werden können. Grüner Gartendraht schneidet zu tief ins Astwerk der

Bild oben: In hügeligem Gelände sind Rasenmäher mit Radantrieb empfehlenswert. Das erspart das mühevolle Stoßen der teils sehr schweren Maschinen.

Gut zu wissen

Gartenunfälle

Wussten Sie, dass pro Jahr über 300 000 Menschen allein in Deutschland beim Handwerken verunglücken? Wenn Sie sich nicht in diese Statistik einreihen wollen, sollten Sie beim Geräteeinsatz unbedingt die erforderlichen Sicherheitsmaßnahmen befolgen. Greifen Sie niemals in die Messer, auch nicht bei stehendem Motor. Sowohl beim Rasenmähen als auch beim Heckenschnitt muss die entsprechende Kleidung getragen werden, und zwar solide, knöchelhohe Arbeitsschuhe sowie lange Hosen. Handschuhe, Ohrenschützer und Schutzbrille gehören ebenfalls zur Grundausstattung. Denken Sie immer daran: Es zeugt nicht von Coolness, in Flipflops den Rasen zu mähen, sondern von fahrlässigem Leichtsinn.

Pflanzen, verheddert sich gerne oder verliert sich im Rasen, wo er beim Mähen in die Messer des Rasenmähers geraten kann. Zum Anbinden von Bäumen bieten sich spezielle, sehr breite Bänder an, die die Rinde nicht verletzen. Ähnlich effektiv ist übrigens ein Nylonstrumpf. Handschuhe sollten gut an die Größe Ihrer Hände angepasst sein. Nichts ist lästiger als schlecht sitzende Handschuhe, die bei jeder Bewegung verrutschen. Reine Plastikhandschuhe sind generell ungeeignet, ebenfalls solche, die nur dekorativen Zweck haben und am Gelenk sehr weit sind. Leder ist dann ideal, wenn Sie mit sehr stacheligen oder dornigen Pflanzen arbeiten. Angenehme Passform und hohen Tragekomfort haben Handschuhe aus Baumwollmischgewebe, die an der Innenhand mit Latex beschichtet sind. Sie sind atmungsaktiv und bieten sehr gute Fingerbeweglichkeit.
Was den Maschinenpark anbelangt, der wird in den wenigsten Gärten aus mehr als zwei Geräten bestehen: einem Rasenmäher und einer Heckenschere. Für beide Anwendungen gibt es eine Reihe möglicher Modelle. Ausschlaggebend bei der Wahl des Rasenmähermodells ist in erster Linie die Größe des Rasens, aber auch die Häufigkeit, mit der gemäht werden muss. Bei Blumenwiesen, die nur zweimal im Jahr geschnitten werden, werden eher ein Rasentrimmer oder eine Sense zum Einsatz kommen. Rasenflächen mit einer Fläche bis zu 150 m^2 können mit von Hand geschobenen Spindelmähern kurz gehalten werden. Ihr Vorteil ist, dass hier weniger Teile zu warten sind als bei Mähern mit Motor. Außerdem sind sie geräuscharm und umweltschonend, da sie ja nur per Muskelkraft bewegt werden. Dies allerdings ist auch ihr Nachteil, insbesondere in hügeligen Gartenarealen. Ein weiterer Minuspunkt: Wer nach zwei Wochen ferienbedingter Abwesenheit seinen Rasen mähen möchte, wird bei hohem Gras seine liebe Mühe haben, da sich das Mähwerk schnell verheddert. Auch das Nachschleifen der Spindeln muss in der Regel durch einen Fachmann erfolgen.
Wer sich nicht allein auf die Kraft der eigenen zwei Arme verlassen will, ist mit einem Benzinrasenmäher mit Radantrieb besser beraten. Die gängigen Modelle arbeiten mit rotierenden Messerbalken. Ist der Rasenmäher mit Fangkorb ausgestattet, wird abgeschnittenes Gras direkt hineinbefördert. Die Messer lassen sich ohne größere Schwierigkeiten selber schleifen. Allerdings ist der Lärmpegel benzinbetriebener Rasenmäher sehr hoch, sie sind sehr schwer und produzieren umweltbelastende Abgase. Außerdem müssen sie regelmäßig gewartet und gut gepflegt werden.
Weniger laut und schwer, dafür aber flexibel einsetzbar sind Elektrorasenmäher. Hier gibt es Modelle mit Kabel, mit Akku sowie Mähroboter. Hybrid-Rasenmäher kombinieren Wechselakku- und Netztechnologie. Das heißt: Ist der Akku leer, kann in den Elektrobetrieb über Kabel gewechselt werden. Die modernen und wechselbaren Lithium-Ionen-Akkus sind sehr viel leichter und kompakter als herkömmliche Nickel-Cadmium-Zellen, gleichzeitig aber auch

leistungsstärker. Generell ist im pflegeleichten Garten den akkubetriebenen Modellen der Vorzug vor denen mit Kabel zu geben. Kabel neigen dazu, sich zu verheddern oder mit dem Mäher überfahren zu werden, was eine potenzielle Gefahrenquelle darstellt. Akkubetriebene Modelle laufen leise und abgasfrei wie Elektromäher, sind aber, da ohne Kabel, ähnlich wendig wie Benzinmäher.
Achten Sie bei der Auswahl Ihres Rasenmähermodells auf die Schnittbreite. Für 100 m² brauchen Sie bei 32 cm Schnittbreite etwa zehn Minuten, bei 52 cm Schnittbreite nur halb so lang. Die Radhöhe sollte zentral und stufenlos verstellbar sein. Ist der Rasen sehr hoch, erleichtert es die Arbeit sehr, wenn die Schnitthöhe mit nur einem Handgriff justiert werden kann. Achten Sie beim Kauf außerdem auf Starthilfen wie mechanisches Federsystem oder E-Starter. Sie erleichtern das Starten des Mähers ungemein.
Nach einer Party, einem Kindergeburtstag oder einem Sturm sollten Sie den Rasen vor dem Mähen einmal ablaufen. Sonst droht möglicherweise doppeltes Unglück: Entweder wird durch Steine und Holzstücke Schaden an den Messern angerichtet, oder fallen gelassene Geschenke und Spielzeug werden durch den Rasenmäher in winzig kleine Teilchen geschnetzelt.
Wenn Sie auf einen Schlag Zeit und Geld sparen, den Rasen gesund halten und die Umwelt schonen wollen, dann ist ein Mulch-Rasenmäher die beste Wahl. Hier wird der Rasenschnitt nicht im Fangkorb aufgesammelt, sondern bleibt auf dem Boden liegen. Die Sorge, der Boden könnte unter dem liegen gelassenen Schnittgut leiden, ist unbegründet. Während des Rasenschnitts wird das Schnittgut durch einen Luftstrom ständig in Bewegung gehalten und im Mäher weiter zerkleinert. Fein gehäckselt fällt es schließlich zu Boden, wo es zwischen den Grashalmen zerfällt und den Rasen wieder mit Nährstoffen versorgt. Dies bewirkt eine 20–40 % stärkere Atmungsaktivität von Mikroorganismen und Bodenlebewesen. Leichter lässt sich Dünger nicht sparen!
Um Nutznießer dieses positiven Effekts zu werden, muss regelmäßig gemäht werden: pro Saison gut zwanzigmal. Dies ist zwar viermal häufiger, als wenn das Schnittgut gesammelt wird, doch allein dadurch, dass kein Fangkorb zu leeren ist, sparen Sie 20 % an Arbeitszeit. Außerdem ist der Rasenmäher ohne Fangkorb leichter zu handhaben.
Sind Sie Besitzer eines sehr großen Rasenareals, ist die bequemste und tatsächlich auch unter-

Bild oben: Elektrische Heckenscheren mit Lithium-Ionen-Akkutechnologie sind leicht und doch meist kraftvoll genug für die Arbeit im Privatgarten.

Bild oben: Der Schwachpunkt von elektrischen Heckenscheren ohne Akku liegt in der Kabelzuleitung. Einmal nicht hingeschaut, und das Kabel ist durchgeschnitten.

haltsamste Variante, das Gras kurz zu halten, der Aufsitz-Rasenmäher. Hier sitzt man wie auf einem Autoscooter und lenkt ganz gemütlich per Lenkrad. Der offensichtliche Vorteil dieser »Luxuslimousinen unter den Rasenmähern« liegt in der Geschwindigkeit, mit der dank der großen Schnittbreite weitläufige Flächen gemäht werden können. Ihr Nachteil: Sie sind wirklich erst dann von Vorteil, wenn die Rasenfläche mindestens 500 m² groß ist. Zudem sind sie kostspielig in der Anschaffung, aufgrund Elektronik und Mechanik wartungsintensiv und benötigen eine entsprechend große und überdachte Unterstellmöglichkeit. Außerdem sollte die Rasenfläche zusammenhängen und nicht durch zu viele Bäume oder Sträucher zerstückelt sein. Achten Sie auch darauf, dass der Zugang zur Rasenfläche durch kein zu schmales Gartentor begrenzt wird.

Bei Heckenscheren stehen mechanische, elektrische und motorbetriebene zur Auswahl. Für Privatgärten sind Letztere in der Regel zu groß dimensioniert – zwar sind sie leistungsstark, doch gleichzeitig auch sehr laut, geben schädliche Abgase ab und sind wegen ihres Gewichts von durchschnittlich fünf Kilogramm für weniger kräftige Gärtner nicht einfach zu bedienen. Das gängige Modell für Hobbygärtner sind Heckenscheren mit Elektromotor. Ihr Durchschnittsgewicht liegt zwischen drei und vier Kilogramm. Ähnlich wie bei den Rasenmähern ist auch hier die Kabelzuleitung der Schwachpunkt. Einmal nicht hingeschaut, und schon ist das Kabel durchtrennt. Das ist nicht nur lästig, weil es den Arbeitsfluss stoppt und eine Reparatur erforderlich macht, sondern kann sich, sofern der Stromkreis nicht durch einen FI-Schalter gesichert ist, als höchst gefährlich erweisen. Umgangen wird dieses Problem durch den Einsatz von Lithium-Ionen-Akkugeräten, deren Akku-Ladezeiten dank Schnellladegeräten sehr kurz ist. Zu den Vorzügen von Akkugeräten zählen, dass sie umweltfreundlich, vibrations- und geruchsarm sind. Dank des kabellosen Einsatzes ist außerdem die Gefahr beseitigt, dass

Bild oben: Beim Arbeiten mit Maschinen sind Ohrschützer, Handschuhe, robustes Schuhwerk und in vielen Fällen auch Schutzbrille Pflicht.

aus Versehen das Kabel durchtrennt werden könnte. Im Gegensatz zu motorbetriebenen Heckenscheren muss auch kein Tank aufgefüllt werden, und das Gewicht ist um etwa 30 % geringer. Für Rasenmäher und Heckenscheren ist eine gute Pflege die Bedingung für ein verlässliches Funktionieren. Ölen Sie sie nach Benutzung, bewahren Sie sie an einem trockenen Ort auf und achten Sie darauf, dass die Messer immer gut geschliffen sind. Je schärfer die Messer, desto reibungsloser und schneller kann die Arbeit erfolgen.

Vollautomatische Gärten

Wassersprinkler, die sich von Geisterhand aus dem Boden schieben und die umliegenden Blätter mit feinem Regen benetzen, ein Rasenmäher, gerade mal so groß wie eine Obstkiste, der unermüdlich über den Rasen laviert und jedes Hälmchen abschnetzelt, kaum dass es zu hoch geworden ist – das klingt wie Science-Fiction, ist

Bild ganz oben: Automatische Bewässerungsanlagen garantieren eine gute und regelmäßige Wasserversorgung, insbesondere bei Neupflanzungen.

Bild oben: Je nach Feuchtigkeitsbedarf der Pflanzen können unterschiedlich viele Tropfer in das Schlauchsystem integriert werden.

es aber nicht. Die Vollautomatisierung der Gartenpflege ist der Trend der Zukunft. Und Vollautomatisierung, das bedeutet für den Gartenbesitzer: weniger Arbeit, mehr Freizeit. Wird frühzeitig geplant, können zwei »Zeitfresser« von der To-do-Liste gestrichen werden: das Rasenmähen sowie das Gießen.

Mähroboter, manchmal auch liebevoll Roboschafe genannt, sind die Quintessenz bequem geschnittenen Rasengrüns. Sie verlassen zu einprogrammierten Tageszeiten eigenständig ihre Ladestation und kehren auf Abruf (oder sobald die Batterie leer ist) selbstständig zum Energietanken wieder zurück. Dazwischen wird kontinuierlich gemäht. Durch den permanenten Schnitt wirkt die Rasenfläche stets wie ein dichter Teppich. Damit das auch wirklich funktioniert, müssen alle Rasengrenzen an Beeten, Wegen, Rabatten und Hecken mit Drähten markiert werden. Diese werden mit Kunststoff- oder Metallhaken am Boden fixiert oder ein bis zwei Zentimeter tief im Boden verlegt. Die Stromversorgung funktioniert je nach Modell über unterschiedliche Akku-Techniken. So gibt es Modelle, die zusätzlich mit Solarzellen ausgestattet sind, wodurch sich der Energieverbrauch deutlich senkt. Seit einiger Zeit sind auch Mähroboter auf dem Markt, die weder Installation noch Kabeleinbau benötigen. Da sie mit Sensoren zur Graserkennung und automatischer Richtungsänderung ausgestattet sind, merken sie, wann sie keinen Rasen mehr unter den Rädern haben. Auch Hindernisse sind dank der Sensoren kein Problem mehr.

Automatische Bewässerungsanlagen können Pflanzen bedarfsgerecht und effizient versorgen. Dazu werden elektronische Sensoren an sinnvollen Punkten des Gartens installiert, die den Feuchtigkeitsstand des Bodens messen und Regenfälle aufzeichnen. Die Signale werden von einem Bewässerungscomputer verarbeitet, der als Reaktion das Bewässerungsprogramm steuert. Dieses pumpt dann die erforderliche Menge an Wasser durch das Schlauchsystem, das zwischen den Pflanzen oder im Rasen ausliegt. Einfache Systeme arbeiten ohne Computer oder Sensor; hier wird die Bewässerung manuell in Gang gesetzt.

Ausgeklügelte Bewässerungsanlagen für große Gärten mit unterschiedlichen Anforderungsarealen lässt man besser vom Profi einbauen. Hier kommt zwar einiges an Kosten auf den Gartenbesitzer zu, doch bei sachgemäßer Installation darf in den kommenden 25 bis 30 Jahren die Gießkanne tatsächlich Staub ansetzen. Geld kann gespart werden, wenn in Zusammenarbeit mit dem Beregnungsprofi die Gräben für die Schläuche selbst ausgehoben werden.
Es lohnt sich, frühzeitig ein Bewässerungssystem im Garten zu planen. Wenn Sie jahrelang Freude mit Ihrer Beregnungsanlage haben wollen, sollten Sie Markenprodukte renommierter Hersteller wählen, die sich durch lange Haltbarkeit und gute Anwenderfreundlichkeit auszeichnen. Achten Sie bei der Planung auf die Ansprüche der verschiedenen Pflanzen, die Bodenverhältnisse und die Geländebedingungen. Der Abstand der Regner zueinander sollte auf diese Bedingungen zugeschnitten sein, sodass die Fläche optimal bewässert wird. Schon beim Bau sollten daher die Außenanschlüsse für die Leitungen ausreichend dimensioniert werden, sodass sich auch Beregnungsstränge mit großer Kapazität einbauen lassen. Zum Herbst hin muss die Anlage winterfest gemacht werden, was heißt: alles Wasser bestenfalls mit einem Kompressor aus den Leitungen und Regnern entfernen.
Am besten geeignet für Staudenflächen sind Tropfbewässerungen. Hier verdunstet fast kein Wasser, insbesondere dann, wenn die Schläuche unter einer Mulchschicht liegen. Tropfbewässerungen funktionieren mit einem geringen Wasserdruck von 0,5 bar. Vorsicht ist beim Betreten oder Jäten der Beete geboten, damit die Schläuche nicht beschädigt werden. Über die Tropfschläuche können mit geeigneten Düngedosierern Nährstoffe in das System eingeschleust werden.
Sprühdüsen mit hohen Aufsteigern sind in Staudenrabatten weniger gut geeignet, da es hier zu Kalkflecken auf den Blättern kommen kann und die Gefahr von Pilzinfektionen steigt. Stehen die Düsen im Regenschatten hoher Pflanzen, wird das Wasser zudem ungleichmäßig verteilt. Kleinere Rasenflächen werden mit Versenkdüsen beregnet. Wenn sie eingezogen sind, stellen sie auch für den Rasenmäher kein Hindernis mehr dar. Befindet sich die zu beregnende Fläche in der Nähe eines Wintergartens, sollten Rotary-Düsen verwendet werden, die weniger windanfällig sind. Ansonsten gibt es schnell Kalkablagerungen auf den Glasscheiben. Eine Alternative besteht darin, einen Windmesser in die Anlage zu integrieren, der die Beregnung bei hohen Windstärken abschaltet.
Sparfüchse schließen ihre Beregnungsanlagen direkt an einen Brunnen oder eine Regenwassernutzanlage an. Das funktioniert allerdings nur, wenn das Wasserreservoir ausreichend groß bemessen ist – ideal wäre daher eine unterirdische Speicherzisterne. Wird für die Bewässerungsanlage Trinkwasser verwendet, lohnt es sich, einen Wasserzähler einzubauen, damit – je nach Anbieter – keine Gebühren für das Abwasser anfallen.

Bild oben: Wird die Bewässerung über Computer und Feuchtesensor geregelt, können die Gießkannen getrost im Keller verstaut werden.

Bewusster Körpereinsatz

Einen Garten auf seine Pflegeleichtigkeit hin auszurichten beinhaltet nicht nur eine gewissenhafte Gestaltung von Beeten und Rabatten sowie den Einsatz geeigneter Hilfsmittel, sondern auch einen besonnenen Umgang mit dem eigenen Körper. Denn der muss in einer Gartensaison so einiges leisten – oder wo sonst kriecht man auf allen vieren auf dem Boden, reckt sich auf Zehenspitzen nach Äpfeln, trägt eimerweise Humus von einer Ecke zur anderen, gräbt steinige Böden um oder hantiert mit schwerem Gerät? Gartenarbeit ist eine elegante Maßnahme, körperlich fit zu bleiben, kann aber auch dem Bandscheibenvorfall Tür und Tor öffnen. Zwickt es erst einmal im Knie, wann immer man sich nach einem vorwitzigen Unkräutlein bückt, oder knarzt es im Rücken, wenn die Gießkanne getragen wird, macht die Gartenarbeit mit Sicherheit keinen Spaß mehr. Um gartenbedingte Erkrankungen zu vermeiden, gibt es eine Handvoll Tricks. Da wäre einmal die Vorbeugung:

- Wärmen Sie sich vor der Arbeit auf und dehnen Sie Ihre Muskeln. Gleiches gilt für den Zeitraum nach getaner Arbeit. Jeder Rücken und jedes Knie wird sich über die entsprechenden Lockerungsübungen freuen. Sind die genauen Bewegungsabläufe nicht bekannt, empfiehlt sich ein Besuch bei der Rückenschule.
- Die Kleidung sollte warm und trocken sein, denn unterkühlte und verspannte Muskeln führen nicht selten zu einem Hexenschuss. Nach schweißtreibender Arbeit umgehend das Hemd wechseln!
- Werkzeuge wie Rechen oder Schaufel müssen einen ausreichend langen Stiel haben. Je länger der Stiel, desto besser die Hebelwirkung.
- Pro Stunde sollten mindestens zehn Minuten Pause eingeplant werden.

Bild oben: Die beste Vorsorge gegen durch Gartenarbeit bedingte Rückenschmerzen ist die richtige Körperhaltung.

Bei jeder Gartenarbeit werden die einzelnen Körperteile auf diverse Weise gefordert. Und so unterschiedlich sie auch sein mögen, die optimale Grundhaltung ist fast immer die gleiche. Wer jemals einem Fitnessstudio einen Besuch abgestattet hat, kennt sie: Die Beine stehen in Schrittstellung etwas mehr als hüftbreit auseinander, die Knie sind leicht gebeugt. Ein möglichst gerader Rücken ist dabei essenziell – also weder ins Hohlkreuz fallen noch einen Rundbuckel machen. Aus dieser Haltung folgen die weiteren Bewegungen.
Beim Graben ein Bein auf das obere Ende des Spatenblatts setzen, Spaten mit Muskelkraft und Körpergewicht in den Boden drücken. Zum Herausheben der Erde den Spaten seitwärtsdrehen. Soll Material von einer Stelle zur anderen befördert werden, kommt die Schaufel zum Einsatz. Beim Schaufeln von losem Material wie

Kies oder Splitt den Schaufelstiel quer über Knie und Oberschenkel platzieren, die Knie beugen und während des Beugens durch Armkraft und Körpergewicht die auf dem Oberschenkel abgestützte Schaufel ins Material stoßen. Die gefüllte Schaufel mit aufrechtem Rücken über das Knie bzw. den Oberschenkel hebeln und den Inhalt (z. B.) in eine Schubkarre kippen. Bei schwererem Material wie feuchtem Erdreich wird wie beim Graben der Fuß auf ein Ende des Schaufelblatts gedrückt und die Schaufel mit Muskelkraft ins Material gestoßen. Für Spaten und Schaufel gilt: Nahe am Körper halten – so ist die Kraftübertragung besser.

Wichtig beim Tragen schwerer Gewichte ist, sich niemals zu übernehmen. Anstatt alles auf einmal zu heben, sollte das Gewicht in kleine Portionen aufgeteilt oder per Schubkarre transportiert werden. Beim Tragen aus der Grundstellung die Knie beugen und nach dem Gewicht greifen. Bauchmuskeln und Gesäßmuskeln anspannen, langsam aufrichten und Knie strecken. Während des Hebens ausatmen. Beim Transport von Gießkannen wird ähnlich vorgegangen. Hier jedoch lieber zwei halb gefüllte Gießkannen tragen als eine einzelne volle. Dadurch wird der Körper gleichmäßig belastet.

Wenn beim Laubrechen ein Laubhaufen umgeschichtet werden soll, gilt: aus der Grundstellung mit geradem Rücken in die Knie gehen, den Laubrechen als vergrößerte Hand einsetzen und das Laub in einem Haufen ergreifen. Mit geradem Rücken aufstehen und dabei ausatmen. Um die Körperseiten zu entlasten, sollte der Rechen mal auf der linken, mal auf der rechten Körperhälfte benutzt werden.

Beim Jäten ein Bein abwinkeln und das Knie auf den Boden setzen, das andere Bein rechtwinklig dazu mit der Sohle auf den Boden stellen, sodass das Körpergewicht gleichzeitig auf beiden Beinen ruht. Während Sie sich auf dem »stehenden« Bein abstützen und somit den Rücken entlasten, sollten Sie den Oberkörper immer möglichst gerade nach unten beugen. Wichtig: die Kniehaltung möglichst häufig wechseln, um die Blutzirkulation kontinuierlich anzuregen.

Bild oben: Wegrechen oder liegen lassen? An der Frage, wie mit Herbstlaub umzugehen ist, scheiden sich die Geister.

Eine weitere Möglichkeit, gartenbedingte Körperschäden zu vermeiden, liegt in der Verwendung ergonomischer Geräte. So gibt es spezielle ergonomische Spaten und Schaufeln, die dank ihrer s-förmigen Gestaltung die Bewegungen mit optimaler Kraftumsetzung erfolgen lassen.

Bild oben: Bäume und Sträucher werfen im Herbst ihre Blätter ab, um im Winter nicht zu vertrocknen. Der Fachbegriff hierfür ist »Abszission«.

Überflüssiges vermeiden

Klug zu gärtnern ist gleichbedeutend mit vorausschauendem Gärtnern. Wenn Sie in einer dicht bewachsenen Rabatte jäten, sollten Sie die Hacke nicht einfach irgendwohin werfen, weil sie plötzlich die Hände frei haben müssen. Denn entweder setzt dann ein hektisches Suchen ein, oder es besteht die Gefahr, dass Sie die Hacke komplett vergessen und erst Monate später wiederfinden – wenn sie verrostet ist. Gehen Sie sorgfältig und überlegt mit den Werkzeugen um. Für Gartenscheren gibt es extra Täschchen, die einfach wie ein Halfter für einen Colt an den Gürtel gesteckt werden können. So geht die Schere nicht verloren.
Hilfreich ist auch, wenn Ihnen die Schwächen und Stärken Ihrer Pflanzen bekannt sind. Wenn Sie wissen, dass Ihre Sommerblumen hoch wachsen und gestützt werden müssen, damit sie nicht umkippen, kann schon im Frühjahr eine halbrunde Pflanzenstütze aus Stahldraht ins Beet gestellt werden. So halten sich die Pflanzen quasi von selbst fest und müssen nicht festgebunden werden. Nur einmal auf der Leiter herumturnen muss man, wenn Süßkirschen gleich bei der Ernte geschnitten werden. Erfolgen diese zwei Arbeiten zeitgleich, können die Kirschen von den soeben abgeschnittenen Ästen abgeerntet werden. Ein weiterer Vorteil des Schnitts während oder kurz nach der Ernte ist, dass die Wunden rasch heilen und zum Wintereinbruch verschlossen sind.

Herbstlaub aufsammeln – ja oder nein?

Neben dem Mähen des Rasens, dem Schnitt von Stauden und Gehölzen und allfälligen Jätarbeiten gilt das Aufsammeln des Herbstlaubes als eine der Hauptarbeiten im Garten. Tage kann man damit zubringen, Laub aus der Staudenrabatte zu rechen oder vom Gemüsebeet zu picken. Dabei ist dies eine Tätigkeit, die in den meisten Fällen unnötig ist. Das, was Sie hier peinlich genau aufsammeln, in Tüten verpacken und in den Müll geben, ist ein pflanzlicher Rohstoff, der ganz von selbst zerfällt. Darf er das nicht, wird er dem Garten in der nächsten Saison als Nährstoff fehlen. Er muss ihm also wieder zugefügt werden, und zwar durch Düngung. Dies macht Arbeit und kostet Geld.
Es muss also abgewogen werden, wann das Aufsammeln von Herbstlaub Zeitverschwendung ist und wann nicht. Sinnvoll ist die Entfernung, wenn das Laub auf eine Erkrankung der Pflanze hindeutet. Bei guter Schichtung kann es auf den Kompost gegeben werden, darf aber erst nach vollständiger Verrottung in Form von Kompost wieder in den Gartenkreislauf zurückgeführt werden.
Rasenflächen gehören zu jenen Arealen, von denen das Laub entfernt werden sollte, da die Hälmchen unter der Last der verrottenden Blätter modern und anfällig für Pilzerkrankungen werden könnten. Auch auf Wegen lohnt sich das Entfernen, da nasses Herbstlaub eine Rutschgefahr darstellt.
Bei der Frage nach der effektivsten Art und Weise, wie das bunte Blattwerk am schnellsten eingesammelt werden kann, gibt es zwei Meinungen, die einander so feindlich gegenüberstehen wie Kreationisten und Darwinisten. Viele

Freundschaften unter Nachbarn sind schon am klirrenden Geheul der gefürchteten Laubbläser zerbrochen. Doch nicht nur menschliche Ohren leiden darunter, sondern auch die Tierwelt. Im Zweikampf gegen 3000 ccm/h hat kaum eine Spinne eine Chance. Zwar lässt sich das Aufsammeln durch einen Laubsauger oder einen Laubbläser in einem Bruchteil der Zeit erledigen, die es das altmodische Zusammenrechen mit einem Laubrechen bedarf. Doch die Umweltauswirkungen dieser Geräte sind alles andere als unerheblich. Die Entscheidung, ob nun dem Rechen, dem Laubsauger oder -bläser der Vorzug gegeben wird, liegt beim Konsumenten. Zwei Gesichtspunkte sollten bedacht werden: Laubblasgeräte sind teuer und wirklich sehr laut. Benutzen Sie sie niemals ohne Gehörschutz. Im Vergleich zum Laubsauger hat der Laubbläser jedoch den (geringen) ökologischen Vorteil, dass hier nicht angesaugt und zerkleinert wird, sondern weggeblasen. Käfer, Asseln, Lurche und andere Kleintiere haben hier zumindest die Chance, den Vorgang zu überleben.
Aber warum die ganze Mühe? Die gute Nachricht lautet nämlich: Lassen Sie es doch einfach liegen. Denn so schlagen Sie zwei Fliegen mit einer Klappe: Einmal sparen Sie Zeit, und überdies tun Sie etwas für die Umwelt.
Zwischen Stauden und unter Sträuchern sollte das Laub unbedingt liegen bleiben, da es als Mulchdecke Bodenorganismen und frostempfindliche Pflanzen vor großen Temperaturschwankungen, Austrocknen und widrigem Wetter schützt. Gleichzeitig verarbeiten Regenwürmer, Asseln, Pilze und Bakterien das Laub wieder zu Humus.

Bild oben: Die wenigsten Pflanzen stören sich an der herbstlichen Laubschicht. Häufig muss sie nicht einmal im Frühjahr entsorgt werden.

Bild rechts: Das penible Reinigen der Herbstbeete ist allzu häufig eine überflüssige Tätigkeit, da das Laub im Winter Pflanzen und Boden schützt.

Bild oben: Unkräuter wie der Schachtelhalm sind quasi unbesiegbar. Anstatt ihnen mit Gift zuzusetzen, ist es häufig eine klügere Entscheidung, sich mit ihnen zu arrangieren.

Damit der Wind das Laub nicht wegbläst, können Sie Fichtenzweige darüberlegen. Einen besseren Winterschutz gibt es nicht. Nur wo das Laub so dicht liegt, dass die Pflanzen darunter ersticken könnten, muss ein Teil weggenommen werden.

Idealerweise befördern Sie das herabgefallene Laub von dort, wo es stört, mit dem Rechen (oder auch dem Laubbläser) in eine windgeschützte Ecke des Gartens, wo es nicht stört. Hier kann es als Winterquartier für Kleintiere oder sogar Igel dienen. Als weitere Maßnahme kann es zwischen die Gehölze der Naturhecke gelegt werden. Hier dürfen auch die Blätter von Walnuss, Eiche, Kastanie und Pappel liegen bleiben, die langsamer verrotten.

Wirtschaftlich gedacht wird dann, wenn Sie den Rasenmäher auf eine hohe Stufe stellen und ihn zum Laubsammler zweckentfremden. Das hat zwei Vorteile: Einmal saugt er das herabgefallene Laub schön sauber auf, zudem zerkleinert das Messer die Blätter. Voraussetzung ist, dass sie nicht zu nass und zu hoch geschichtet sind. Solcherart »vorpräpariert«, können Sie die Laub-Gras-Mischung als Mulchschicht auf die Beete legen. Wenn Sie aus alter Gewohnheit mit dem Laubsammeln nicht brechen können, dann sollten Sie es zumindest kompostieren und dadurch in den Gartenkreislauf zurückführen.

Stauden im Herbst abschneiden – ja oder nein?

Mit der Frage des richtigen Zeitpunktes für den Staudenrückschnitt verhält es sich ganz ähnlich wie mit dem Aufsammeln des Herbstlaubes. Manche Gärtner sehen den künstlerischen Verwandlungen, die Frost und Schnee im Staudenbeet bewirken, mit Begeisterung entgegen, andere schnipseln alles im Herbst bodeneben ab, weil's so doch viel sauberer ist. Aus Sicht des

Zeitfaktors ist ein Rückschnitt im Herbst aufwendiger. Wird im Frühjahr geschnitten, ist das Pflanzenmaterial fast vollständig verrottet, weswegen es in der Regel einfach mit dem Laubrechen aus dem Beet gezogen werden kann. Das spart Zeit. Und auch für die Tiere ist es besser, wenn die Beete nicht schon im Herbst abgeräumt werden.

Es gibt allerdings – ähnlich wie beim Laub – eine Einschränkung. Wenn an der Pflanze Infektionen durch Bakterien, Viren oder Pilze festzustellen sind, ist es ratsam, bereits im Herbst die Stauden abzuschneiden. Dies senkt das Infektionspotenzial für das kommende Jahr. Ist gewährleistet, dass die Temperaturen beim Umsetzungsprozess auf dem Kompost hoch genug sind, die Erreger absterben zu lassen (wenn der Kompost schön locker und vielfältig geschichtet ist), kann das Material in den Gartenkreislauf zurückgeführt werden. Andernfalls sollte es in die Biotonne gegeben werden.

Bei Stauden wie Schafgarbe, Frauenmantel, Flockenblume, Rittersporn, Feinstrahlaster, Kokardenblume, Storchschnabel, Lupine, Jakobsleiter, Sommersalbei und Trollblume sollte ein Remontierschnitt durchgeführt werden. Hierzu die Pflanzen direkt nach der Blüte abschneiden. Dies regt nicht nur einen zweiten Blütenflor an, sondern mindert auch den Infektionsdruck mit Echtem Mehltau. Um den Neuaustrieb anzukurbeln, sollte eine Düngergabe verabreicht werden.

Unkräuter

Um die Kontrolle über den Wildwuchs im Garten nicht zu verlieren, muss man kein Experte in Sachen Pflanzensystematik sein. Eigentlich können die sogenannten Unkräuter in drei Gruppen eingeteilt werden: die Gefährlichen, die Lästigen und die Unerwünschten. Mit den Unerwünschten ist am leichtesten umzugehen. Die Lästigen sind genau das, was der Name verrät: lästig, und mit den Gefährlichen ist nicht zu spaßen.

Ob eine Gartenblume den abwertenden Titel »Unkraut« erhält, ist natürlich Definitionssache. Häufig wird ja auch über solche Stauden, die käuflich erworben wurden, schön blühen und ein Beet verlässlich begrünen, das Todesurteil gesprochen: »Diese Rudbeckie vermehrt sich wie Unkraut«, heißt es dann schnell. Denn in Gärten, insbesondere in solchen, die nur wenig Arbeit machen dürfen, sollen die Sachen zwar wachsen, aber eben auch nicht zu sehr. Sie sollen nicht kümmern, dürfen aber auch nicht wuchern – die Anspruchshaltung von uns Menschen ist häufig nicht leicht zu erfüllen.

Anstelle von Unkräutern sollte daher lieber von »Wildkräutern« die Rede sein. Wildkräuter legen ein rasantes Wachstum an den Tag, sind anspruchslos und vermehren sich quasi ungebremst. Die »Unerwünschten« sind solche, die sich durch Selbstaussaat vermehren (z. B. Breitwegerich, Franzosenkraut, Hirtentäschel, Kleine

Bild oben: Manche Unkräuter sind einfach nur lästig oder unerwünscht, manche eine wahre Plage, vom Gärtner gern gesehen sind sie nie.

Bild oben: Das drüsige Springkraut *(Impatiens glandulifera)* ist ein aus Asien stammender Neophyt, mit dem nicht zu spaßen ist. Eine einzige Pflanze kann bis zu 4000 Samen produzieren.

Bild oben: Ihre Blüten sind zwar eine Zierde, doch der Ausbreitungstrieb der Zaunwinde ist problematisch.

Brennnessel, Spitzwegerich, Vogelmiere, Weißklee und Weißer Gänsefuß), die »Lästigen« (z. B. Ackerwinde, Quecke, Giersch und Schachtelhalm) verfolgen die Ableger-Strategie und streben eine Alleinherrschaft im Garten an. Als durchaus gefährlich lassen sich viele der invasiven Neophyten einstufen: Pflanzen also, die sich erst in den letzten Jahren in unseren Breitengraden angesiedelt haben.

Vorbeugend gibt es die folgenden Möglichkeiten, unerwünschte Wildkräuter im Garten zu dezimieren:

- Samenbildung durch frühzeitiges Jäten verhindern.
- Unkräuter nur dann in den Kompost geben, wenn dieser sich auf über 60°C erwärmt, was nur im Kern einer Kompostmiete erreicht wird. Andernfalls sollten sie anderweitig ent-

sorgt werden, da sie dann noch immer keimfähig sind.

- Fremder Mutterboden muss frei von Wurzelunkräutern sein – beim Verteilen unbedingt darauf achten!

Mechanisch lassen sich Unkräuter durch Hacken, Jäten und Mulchen entfernen. Mulchen mit organischen Stoffen hilft allerdings nur gegen einjährige Samenunkräuter, nicht gegen Wurzelunkräuter. Auf Gehwegen kann eine Drahtfugenbürste zum Einsatz kommen. Sie wird auf einen Besenstiel gesteckt und ermöglicht das Wegbürsten von Moos oder Wildkräutern, die sich zwischen den Gehwegplatten breitgemacht haben, in stehender Position.
Chemische Maßnahmen beinhalten den Einsatz von Herbiziden. Hier gilt der gleiche Grundsatz wie bei den Pestiziden und Fungiziden: Lassen Sie die Finger davon, sofern nicht eine absolute Notsituation eingetreten ist. Herbizide schaden häufig mehr, als dass sie nützen. Die falsche Anwendung eines Totalherbizids kann zu einer komplett zerstörten Zierpflanzenrabatte führen – vom Schaden für die Tiere im Garten ganz zu schweigen. Ist ihr Einsatz wirklich unumgänglich, dann wenden Sie diese Mittel nur mit Spritzschirm und nach ausführlicher Beratung mit einer Fachperson an.

Bild oben: Aus jedem Fitzelchen Wurzel, das beim Unkrautjäten übersehen wurde, treibt die Zaunwinde neu aus.

Auf versiegelten Flächen (z. B. Plattenwegen oder Garageneinfahrten) ist der Einsatz von Herbiziden jedoch grundsätzlich verboten, da Brühreste in die Kanalisation gelangen könnten. Verwenden Sie außerdem niemals Mittel, die schon länger im Keller liegen. Zum einen kann deren Haltbarkeit schon längst überschritten sein, zum anderen ändert sich die Zulassung der Inhaltsstoffe von Jahr zu Jahr.
Eine Alternative zur Chemie ist die mechanische Unkrautbeseitigung durch Hitze mittels sogenannter Thermogeräte. Durch heißen

Gut zu wissen

Invasive Neophyten

In Deutschland werden ca. 30 Neophyten als problematisch (invasiv) eingestuft. Als Neulinge in unserer Pflanzenwelt fanden sie ideale Bedingungen vor, um sich zu verbreiten und die heimische Vegetation zu verdrängen. Eine einzige Pflanze des Indischen Springkrauts (Impatiens glandulifera) beispielsweise produziert ca. 4000 Samen, die durch das Aufplatzen der Samenkapsel bis zu sieben Meter weit geschleudert werden und bis zu sechs Jahre keimfähig bleiben.
Für die Biodiversität hat der Einzug der Neophyten gravierende Folgen, bringt aber auch ökonomische und gesundheitliche Probleme mit sich. Gefährlich für die menschliche Gesundheit sind:

- ***Beifuß-Ambrosie*** *(Ambrosia artemisiifolia), deren Pollen stark allergisierend sind;*
- ***Riesen-Bärenklau*** *(Heracleum mantegazzianum), dessen Pflanzensaft bei starker Sonneneinstrahlung Hautschäden bis zu Verbrennungen dritten Grades verursachen kann.*

Bei beiden muss ein Aussamen unbedingt vermieden werden: Einzelpflanzen also abschneiden oder ausgraben. Die Pflanzen nicht auf den Kompost geben, sondern im Restmüll entsorgen. Wichtig: Bei den Maßnahmen Handschuhe, Brille und Staubmaske tragen!

Bild ganz oben: Unkrautvliese unterdrücken unerwünschten Wildkräuterwuchs. Wichtig ist, dass sie atmungsaktiv und wasserdurchlässig sind.

Bild oben: Sehr schnell zu einer Plage wird der Japanische Staudenknöterich.

Dampf werden die Unkräuter auf 70°C erhitzt, wodurch die oberirdischen Pflanzenteile absterben. Auch die Keimfähigkeit von Samen auf der Bodenoberfläche reduziert sich nach erfolgter Behandlung stark. Abhängig von Art, Anzahl und Alter der Unkräuter sowie des Bodenbelags sind fünf bis acht Behandlungen pro Jahr erforderlich. Neu auf dem Markt sind Geräte, die durch Infrarotstrahlung Unkräutern gezielt zu Leibe rücken. Hier erzeugt ein Gasbrenner in Verbindung mit Keramik-Brennelementen eine Temperatur von bis zu 1000°C. Flugsamen werden komplett zerstört.

Letzten Endes ist es jedoch gleichgültig, welche Variante gewählt wird, denn die Kontrolle der unerwünschten Wildkräuter ist eine Arbeit, die niemals ein Ende nimmt. Im Idealfall reduziert sich nur der zeitliche Aufwand. Die beste Strategie ist nach wie vor, die Kräuter so früh wie nur möglich durch Jäten zu bekämpfen. Bestenfalls vertrocknen die Wildkräuter durch regelmäßiges Hacken – idealerweise bei warmer Witterung –, zumindest aber werden sie am Blühen gehindert. Eine Konkurrenz mittels flächendeckender Bepflanzung durch Bodendecker fördert den Kampf gegen die ungewünschten Garten-Schönheitsfehler.

Wurzelunkräuter sollten Sie durch konsequentes (wöchentliches) Abschneiden schwächen oder systematisch mit der Grabgabel aus dem Boden stechen und entfernen. Hier unbedingt darauf achten, dass alle Wurzelteile und Rhizome entfernt werden. Bereits durchwurzelte Stauden sollten ausgegraben und der Wurzelballen nach den weißen Giersch- und Ackerwindenwurzeln abgesucht werden. Hilfreich ist es, wenn der Ballen dazu in Wasser getaucht wird, sodass der Humus sich löst. Erst wieder einpflanzen, wenn Sie sicher sind, dass alle Wurzelstückchen entfernt sind. Alternativ kann man mehrere Zentimeter hoch mit Rindenmulch mulchen. Haben die Wurzelunkräuter erst einmal wieder die Oberfläche erreicht, lassen sie sich leichter herausziehen.

Wem die Zeit fehlt, der kann auf sehr stark verunkrauteten Flächen (sowohl mit Samen- als auch Wurzelunkräutern) eine lichtdichte Abdeckung anbringen, z. B. schwarze Folie (auch

Reste von Teichfolie eignen sich hierzu), mehrere Lagen feuchter Karton, Papier, Tapeten, Bretter oder Platten. Diese sollte mindestens ein Jahr lang auf der Fläche verbleiben.
Sich im pflegeleichten Garten nach den natürlichen Voraussetzungen zu richten beinhaltet zuletzt auch die Art, wie mit Unkräutern umgegangen wird. Von Wurzelunkräutern komplett überwucherte Rabatten lassen sich nur mit einem extrem hohen Aufwand reinigen. Manches Mal ist die einzige Lösung eine Neuanlage mitsamt Austausch des Erdreichs. Wem dies zu viel Aufwand und zu viele Kosten sind, der kann versuchen, eine Zweckbeziehung mit den Plagegeistern einzugehen: die Bepflanzung der entsprechenden Rabatte also auf die Anwesenheit der ausbreitungswütigen Lästlinge abzustimmen. Immerhin sind Giersch und Schachtelhalm alles andere als hässlich anzuschauende Pflanzen. In einer »gemischten Giersch-Rabatte« sollten nur extrem robuste und durchsetzungsstarke Gehölze und Stauden wie beispielsweise Goldfelberich *(Lysimachia punctata)* gepflanzt werden. Im Idealfall sind bereits Bestände von Scheinaster, Chinaschilf, Waldgeißbart, Wurmfarn oder Goldrute vorhanden, denn wenn sie sich bereits etabliert haben, haben sie auch einen größeren Vorteil gegenüber den grünen Wucherwundern.

Bild oben: Die Quecke ist einer jener Überlebenskünstler, die sich durch unterirdische Rhizome schnell verbreiten.

Gut zu wissen

Lieblingsfeinde

Giersch, Schachtelhalm, Brennnessel und Löwenzahn gelten als die Schreckgespenste des Hobbygärtners. Doch bevor man sie verdammt, lohnt es sich, ihre guten Seiten kennenzulernen. So wirkt eine Brühe aus Schachtelhalm vorbeugend gegen Pilzkrankheiten, Giersch kann als Wildgemüse gedünstet wie Spinat gegessen werden oder Verwendung in Suppen, Pfannkuchen, im Salat oder Kräuterquark finden. Aus den jungen Blättern des Löwenzahns lässt sich ein köstlicher Salat zubereiten, und die Brennnesselpflanze ist ganz allgemein ein echter Tausendsassa. Als Auszug, Jauche, Brühe oder Tee wirkt sie gegen Schadinsekten, als Dünger sowie als Pflanzenstärkungsmittel. Auch für den Menschen ist sie aufgrund ihrer großen Zahl an Inhaltsstoffen innerlich heilfördernd, aber auch äußerlich als Kosmetik geeignet. Solcherart betrachtet kann es gar nicht genug Brennnesselpflanzen im Garten geben. Warum reservieren Sie ihr in einer abgeschiedenen Ecke nicht ein Plätzchen? Die Tierwelt wird davon begeistert sein; immerhin ist sie die Futterpflanze für die Raupen von ungefähr 50 Schmetterlingsarten.

Die schöne Unordnung

Wer mit etwas Gelassenheit hier und da ein Auge zudrückt und sich beim Gärtnern auf das Wesentliche konzentriert, kann Arbeitszeit in Freizeit umwandeln.

Gewollter Wildwuchs spart Arbeit

Bild oben: Ein bisschen Besonnenheit, und die Pflichten als Gartenbesitzer lassen sich viel gemütlicher angehen.

Was genau macht einen pflegeleichten Garten also aus? Nach Lektüre der vorangegangenen Kapitel sollten sich die wichtigsten praxisbezogenen Eckpunkte herauskristallisiert haben: Solide Baumaterialien, die nicht nach ein paar Jahren schon verrottet sind, eine Analyse des Bodens auf seine Stärken und Schwächen hin und daraus resultierend die entsprechende Pflanzenwahl, die Verwendung robuster, unempfindlicher Stauden, die sich weder von Blattläusen, Pilzerkrankungen noch Schnecken allzu schnell in die Flucht schlagen lassen, das Abdecken freier Flächen mit geeigneten Mulchmaterialien, die Werkzeuge und Maschinen, die bei richtiger Anwendung die Arbeit sehr viel leichter von der Hand gehen lassen – dies sind zusammengefasst die Pfeiler, um die sich ein mit viel Freizeit verbundenes Gärtnerleben gruppieren sollte.

Die Kehrseite des grünen Traums

Dennoch wird es genug Gärtner geben, die trotz der in Aussicht gestellten »Fünf Minuten Pflegeaufwand pro Quadratmeter pro Jahr für eine Staudenmischpflanzung« jeden Sonntagmorgen um acht Uhr aufstehen, um verblühte Knospen abzuschneiden. Dann allerdings liegt es nicht mehr an Ihrem Garten, dass Sie nicht faul in der Hängematte liegen und ein Buch lesen; Sie selbst sind schuld daran. Das Pflegen eines Gartens ist ein Prozess, der so lange anhält, bis Sie sagen: Es ist genug. In der Regel tritt dieser Moment dann ein, wenn der Garten Ihrem

Bild oben: Der Garten ist eine natürliche Lebensgemeinschaft mit ganz eigenen Regeln. Je mehr der Mensch eingreift, desto mehr Arbeit hat er.

Bild rechts: Wenn sich die Grenzen zwischen unerwünschten Beikräutern und gezielter Pflanzung verwischen, entstehen völlig neue Gartenbilder.

ganz speziellen Idealbild von Ordentlichkeit entspricht.

Doch Gärten sind keine Bilder, bei denen ein letzter Pinselstrich das Kunstwerk vollendet. Hier geht der natürliche Prozess aus Entstehen, Wachsen und Vergehen immerzu weiter. Ihrem Garten ist es sicherlich egal, wie er ausschaut; er verhält sich in dieser Hinsicht völlig neutral. Ob er überhaupt gepflegt wird und wie viel Zeit und Aufwand in diese Pflege investiert werden, ist eine Entscheidung, die der Gartenbesitzer – also Sie! – alleine trifft. Letztendlich beginnt Pflegeleichtigkeit also hier: im Kopf des Gärtners. Neben den praxisbezogenen Punkten ist dies ganz klar die zweite Säule, auf der Ihr pflegeleichtes Gartenglück ruht.

Um einen Garten mit wenig Aufwand zu gestalten, ist es ratsam, sich von bestimmten Vorstellungen zu lösen. Diese Vorstellungen betreffen zwei Bereiche: einmal den Grad an gewünschter Ordnung bzw. Unordnung, die im Garten noch erträglich ist, zum anderen das eigene Ideal von Schönheit.

Moderne Gärten sind längst keine reinen Nutzflächen mehr. In den letzten Jahren hat sich der Trend herausgebildet, sie als repräsentative Freiräume zu sehen: als ausgelagerte und nach draußen verlagerte Wohnzimmer. Was den Pflege-

Bild oben: Bei einem verwunschenen Gartenhäuschen wie diesem werden Erinnerungen an alte Kindermärchen wach.

Bild oben: Ein beschauliches Plätzchen zum Ausruhen – selbst wenn der Efeu schon bedrohlich nahe gerückt ist.

aufwand eines Gartens anbelangt, ist diese Entwicklung höchst ungünstig. Denn natürlich soll das heimische Wohnzimmer sauber und ordentlich sein.

Ist der Garten nun aber plötzlich ein Teil des Wohnkomplexes geworden – eben ein nach außen verlagerter »Wohnraum« –, dann besteht ihm gegenüber die gleiche Anspruchshaltung wie für alle anderen Räume des Hauses. Kein Wunder also, dass im Garten ständig gereinigt, geputzt und geschrubbt werden muss. Manche Gartenbesitzer treiben das Ritual der Gartenpflege so weit, dass sie mit dem Staubsauger ihre Gartenplatten absaugen. Andere zupfen das rote Laub vom Ahornbaum, bevor es überhaupt auf den Boden fallen kann und ein Ärgernis wird. Und auch das dezibelgestärkte Heulen der Laubbläser ist Teil dieser Entwicklung. Im schlimmsten Fall führt unser Ideal von Ästhetik zu Monokulturen, zerstörten Ökosystemen und mit Nährstoffen überfrachteten Böden. Jenseits jeder ideologisch gefärbten Diskussion stellt sich da ganz unvoreingenommen die Frage, warum das eigentlich so ist – und ob das überhaupt so sein muss.

Bild oben: Streng geschnittener Buchs trifft auf wild wuchernde Sträucher – das ist eine Mischung mit Stil.

Die Philosophie der Gelassenheit

Als Gartenbesitzer ist man gut beraten, sich neben den »realen Werkzeugen« wie Bodenanalyse, Arbeitstechniken oder standortgemäßer Pflanzung eine Philosophie der Gelassenheit anzueignen. Gelassen zu gärtnern heißt, nicht hysterisch zu werden, wenn eine Schnecke über ein Salatblatt kriecht oder sich Samenunkräuter in der gemischten Staudenrabatte breitmachen. Gelassen zu gärtnern ist aber auch ein Zeichen von Toleranz. Denn wenn es Sie grundsätzlich nur wenig kümmert, was die Nachbarn wohl über das von Kletterpflanzen überwucherte Gartenhüttchen sagen könnten, dann können Sie gelassen Ihre Freunde zum Kaffeetrinken einladen – statt die Clematis zu schneiden.
Vielleicht gehört auch ein wenig Mut dazu, die Wildgehölzhecke einfach wachsen zu lassen, anstatt ihr links und rechts einen vertikalen und horizontalen Passepartout-Rahmen zu ver-

Bild ganz oben: Selbst die ordentliche Insel Mainau lebt es vor: bunte Staudenrabatte in scheinbar planloser Unordnung.

Bild oben: Zwar grenzen Zaun und Tor diesen Garten ein, doch wo das Drinnen endet und das Draußen beginnt, ist unklar.

Bild oben: Als ob in den Himmeln ferne Gärten welkten, so umschrieb der Dichter Rainer Maria Rilke das Fallen des Herbstlaubes.

leihen. Es wird Sie spätestens dann freuen, wenn Meisen- und Amselpaare darin nisten und Ihre Kinder sich zu Ornithologen in spe entwickeln. Wer würde denn auch ernsthaft exakt den gleichen Garten wollen wie der Nachbar, und dessen Nachbar, und der nächste Nachbar daneben?

Für diejenigen, die einzig aus dem Grund mit der »Unordnung« des eigenen Gartens hadern, weil doch die Gartenbilder in den Zeitschriften so schön sind, gibt es Trost. Denn zum einen ist es so, dass diese Gärten ja nicht immer in diesem vorbildlichen Zustand sind. Und auch nur die wenigsten von ihnen werden in schweißtreibender Eigenarbeit solcherart verändert, dass sie den Anforderungen des Fotoshootings genügen. Da verhält es sich wie mit jedem anderen Fototermin auch, denn bevor das neue Foto für den Personalausweis geschossen wird, werden sich die meisten repräsentativ herrichten, sprich: kämmen, adrett anziehen und eventuell schminken. Im Falle der Gärten aus den Medien wird dies meist von professionellen Landschaftsgärtnern erledigt.

Die Arbeit des Profis setzt allerdings ein gewisses finanzielles Budget voraus, ebenso wie die des Fotografen, der den Garten dann perfekt in Szene setzt. Wenn es Ihre knappe Zeit gerade so erlaubt, den Rasen zu mähen – über ein extra Gartenbudget verfügen schließlich nur die wenigsten –, dann ist es keine vernünftige Geisteshaltung, den eigenen »schlichten« Garten mit dem Vorzeigeobjekt des Nachbarn gegenüber zu vergleichen. Jener kann als Inspiration dienen, den eigenen Garten durch Arbeitseinsatz ein wenig zu verändern; gleichzeitig sollte dies nicht so weit gehen, dass sich Unzufriedenheit breitmacht. Enttäuschung oder Konkurrenzdenken sind keine guten Weggefährten, wenn es um die Gestaltung eines pflegeleichten Gartens geht.

Arbeiten Sie also in erster Linie an Ihrer Einstellung zum Garten. Dazu gehört, sich stets daran zu erinnern, dass die Natur das Herbstlaub nicht auf Ihrem Rasen platziert, um Sie zu ärgern. Auch Unkräuter machen sich nicht deswegen auf den Rabatten breit, um Ihr ohnehin schon hohes tägliches Arbeitspensum um weitere zehn Minuten zu verlängern. Es mag am Weltbild mancher Menschen nagen, doch im Kreislauf der Natur kann auf niemanden so gut verzichtet werden wie auf den Gärtner. Pflanzen wachsen und Laub fällt, egal ob da einer eingreift oder nicht. Als Gärtner nimmt man nur eine Zeit lang an diesem Schauspiel teil und kann es teilweise verändern – die Natur also nach eigenen Vorstellungen formen. Bestenfalls ist das Ergebnis, dass mehr Blumen blühen oder eine artenreichere Vegetation vor der Haustüre wächst. Unterm Strich bedeutet dies aber auch, dass man sich selbst und seine eigene Bedeutung für den Garten nicht allzu wichtig nehmen sollte. Hier, in diesem »ausgelagerten Wohnraum«, herrschen ganz klar andere Gesetze.

Sauberkeit und Unordnung – und somit das Maß an Pflege, das ein Garten einfordert – haben viel mit unserer Vorstellung von Schönheit zu tun. Welcher Grad von Unordnung ist ästhetisch vertretbar? Ab wann ist ein sauberer Garten schön? So, wie wir sie uns in der Regel vorstellen, sind pflegeleichte Gärten solche, die entweder schon längst ordentlich sind oder schnell in Ordnung gebracht werden können. Für die Natur sind unsere Konzepte von Unordnung und Ordnung allerdings vollkommen bedeutungslos. Gleichermaßen ist auch unsere Vorstellung von Schönheit ein wandelbarer Begriff, der von gesellschaftlichen Wertvorstellungen geprägt ist. Sie kann nicht absolut gesehen werden, sondern richtet sich nach subjektiven Empfindungen.

Gärten sind insofern ein Sonderfall, als sie von Menschen gemachte Natur sind. Sie wurden geplant, gestaltet und daraufhin angelegt, ganz unabhängig vom praktischen Nutzen im Menschen spezielle ästhetische Empfindungen zu erzeugen. Das Ideal eines schönen Gartens ist dabei allerdings höchst variabel. Galten vor 350 Jahren noch Buchsbaumensembles mit

Bild oben: Eine sinnvolle Geisteshaltung besteht darin, die eigenen Sauberkeitsideale ein wenig herunterzuschrauben …

Bild unten: … und sich beim Gärtnern der eigenen Einstellung entsprechend auf das Wesentliche zu konzentrieren.

repräsentativen Skulpturen, Bauwerken und Wasserelementen als Nonplusultra französischer Gartenkunst, sah das mit dem Einzug des englischen Landschaftsgartens ganz anders aus. Jede Epoche hat ihre Ikonen – warum sollte das bei den Gärten nicht anders sein? Unser ästhetisches Empfinden ist unbeständig, und nicht zu selten ist es ein Glück, dass das so ist. Doch noch immer gelten Gärten als etwas, das erst in Form gebracht werden muss, um zu gefallen. Diejenigen, die ihre wenige Freizeit darauf ausrichten, ihren Garten zu pflegen, wissen jedoch aus eigener Erfahrung: Die vier grünen Wände da vor der Haustüre lassen sich nicht so einfach unter Kontrolle bringen. Die Quintessenz der Rasenästhetik, der englische Zierrasen, hat mit Natur kaum noch etwas zu tun. Er ist ein Kunstprodukt, das nur dann als sattgrüner, dichter Teppich weiter bestehen kann, wenn unendlich viel Zeit und Aufwand in seine Pflege investiert werden. Andernfalls verwandelt er sich wieder in das, was er ursprünglich war: einen Moosteppich, eine Blumenwiese, ein Kleefeld. Die drei Möglichkeiten, diesem Dilemma zu entgehen, sind 1. die Zeit irgendwoher zu nehmen und den Rasen zu renovieren, 2. zu hadern und zu schimpfen, weil das Kleefeld so wenig repräsentativ ist, oder 3. die Schönheit des Kleefeldes für sich zu entdecken. Diese dritte Variante ist die bequemste, aber gleichzeitig auch die schwierigste. Wenn Gartenbereiche, die nur wenig die planende und pflegende Hand des Gärtners zu spüren bekommen, als »hübsch« oder »ästhetisch ansprechend« betrachtet werden, sind viel Zeit und schlechte Gefühle gespart. Anstatt zu sagen, »Ach, ich habe keinen richtigen Rasen, ich habe nur eine Kleewiese«, sollte dieser Umstand so formuliert werden: »Mein Rasen ist eine Kleewiese, und sie ist wirklich schön.«

Bild oben: Übertriebene Ordnungssucht verweist die Natur in ihre Grenzen, gelassenes Gärtnern lädt sie zum Verweilen ein.

Natürlich müssen Gärten kultiviert werden, wenn man keinen Wald vor der Haustüre möchte. Für den Pflegeaufwand ausschlaggebend ist jedoch die Form, in die er gebracht werden muss, um zu gefallen. Manche Menschen sprechen in diesem Kontext von edler Verwilderung, andere von einer ökologischen Ästhetik. Doch egal, wie man es nennen mag, vergessen Sie eines nie: Das da draußen vor Ihrer Haustüre ist nicht der Schlosspark von Versailles. Versuchen Sie, Ihr Ordnungsideal zu reduzieren. Seien Sie tolerant. Laub auf Rabatten ist kein Indiz für Unordnung oder Vernachlässigung. Es muss auch keinesfalls hässlich ausschauen. Es liegt auf den Rabatten, weil es einfach dorthin gehört. Und erinnert es nicht sogar ein wenig an eine warme, bunte Bettdecke, unter der Pflanzen und Tiere gemütlich überwintern können? Ist das sauber gekratzte Beet nicht schrecklich kahl und hässlich?
Gärten werden dann schön, wenn sie Ecken und Kanten haben, wenn sie facettenreich und individuell gestaltet werden – wenn sie etwas ganz Besonderes sind. Das hat nichts mit der Größe oder Lage eines Gartens zu tun oder mit dem Geld, das in seine Anlage investiert wird. Gelingt es, den Garten mit Stolz zu betrachten, selbst wenn sein Aussehen nicht dem gängigen Gartenideal entspricht, dann sollte es eigentlich nicht allzu schwerfallen, in ihm einen Ort zu sehen, der Ruhe, Entspannung, Inspiration und sogar auch Spaß bietet.
Dann ist die Gartenarbeit keine Last mehr, sondern eine Freude, und erst dann ist Ihr Garten wirklich pflegeleicht.

Bild oben: Gräser wie das zierliche Wald-Reitgras *(Calamagrostes arundinacea)* verleihen jedem Beet eine natürliche Leichtigkeit.

Bild rechts: Gärten sind nichts, was es von der Stange gibt. Und gerade durch ihre Ecken und Kanten sind sie einzigartig.

Mäßig stark wachsende Kletterpflanzen

Name	Kletterhöhe	Standort	Beschreibung
Selbstklimmer			
Klettertrompete, *Campsis × tagliabuana* 'Madame Galen'	6 m	Sonnig und windgeschützt, eher feuchte, nährstoffreiche Böden	Eindrucksvoller Kletterstrauch, der mit hellgrünem, gefiedertem Laub und lachsfarbenen Blütenbüscheln beeindruckt, deren ausgeprägte Trompetenform namensgebend für die deutsche Bezeichnung ist
Kletterspindel, *Euonymus fortunei* var. *radicans*	2–4 m	Sonnig bis halbschattig, frische, nährstoffreiche Böden	Hübscher Kriechstrauch mit immergrünem Laub und blassgelber, eher unauffälliger Blüte, klettert mittels Haftwurzeln an Mauern und Bäumen empor
Ranker			
Großblumige Waldreben, *Clematis*-Hybriden	2–6 m	Sonnig bis halbschattig, frische, humusreiche Böden	Clematis und Kletterrosen gelten als das Dream-Team der Kletterpflanzen, wichtig für gutes Gedeihen: ein schattiger Wurzelbereich, in strengen Wintern die Jungpflanzen mit einer Laubabdeckung schützen
Alpen-Waldrebe, *Clematis alpina*	3 m	Lichte Sonne bis Halbschatten, Boden frisch und humusreich	Charakteristische fröhlich wippende, glockig geformte und violettblaue Blüten, schwacher Rückschnitt nach der Blüte empfehlenswert
Italienische Waldrebe, *Clematis viticella*	2–4 m	Sonne bis Halbschatten, humose, durchlässige Böden	Diverse mögliche Formen (z. B. 'Kermesina' mit magentaroter Blüte), kräftiger Rückschnitt im März fördert den Blütenreichtum
Schlinger			
Strahlengriffel, *Actinidia kolomikta*	3 m	Sonnig, tiefgründige, nahrhafte, gleichmäßig feuchte Böden	Charakteristisch für die männlichen Exemplare: die sehr aparten, weiß-rosa gescheckten Blattspitzen
Geißblatt, *Lonicera* x *brownii*	2–3 m	Sonnig bis halbschattig, Boden frisch, humos und durchlässig	*L.* x *brownii* 'Dropmore Scarlet' ist ein verlässlich frostharter Strauch mit leuchtenden Blüten, die die Pflanze von Juni bis September mit orangeroter Farbe überziehen
Feuer-Geißschlinge, *Lonicera x heckrottii*	2–4 m	Sonnig bis halbschattig, anspruchslos	Blühwilliger Schlingstrauch mit attraktiven, purpurrot-gelben Blüten und süßem, vanilleähnlichem Duft, braucht im Allgemeinen keinen Schnitt
Spreizklimmer			
Winterjasmin, *Jasminum nudiflorum*	2–4 m	Sonnig bis halbschattig, sehr anpassungsfähig	Kann aufrecht an Bäumen oder Mauern gezogen werden, aber auch bodendeckend, je nach Witterung Blüte bereits ab Januar, leuchtend gelb, verträgt auch einen Formschnitt als Hecke

Stark wachsende Kletterpflanzen

Name	Kletterhöhe	Standort	Beschreibung
Selbstklimmer			
Kletterhortensie, *Hydrangea anomala* ssp. *petiolaris*	10–15 m	Halbschattig bis schattig, nährstoffreiche, frische, saure bis neutrale Substrate	Solide winterharter Kletterstrauch mit üppigen Blütendolden mit weißer Randblüte (Juni bis Juli), braucht keinen Schnitt, kann aber geschnitten werden, falls die Ausmaße zu groß werden
Wilder Wein, Jungfernrebe, *Parthenocissus*	Bis 15 m	Sonnig bis schattig, sehr anpassungsfähig	Mögliche Formen: *P. quinquefolia* sowie *P. tricuspidata*, zuverlässige Kletterer, die mit unscheinbarer Blüte, aber mit spektakulärem orangegelbem, scharlachrotem und braunrotem Herbstlaub auftrumpfen
Ranker			
Berg-Waldrebe, *Clematis montana*	Bis 8 m	Sonne bis Halbschatten, gleichmäßig feuchte, humusreiche Böden	Div. mögliche Sorten, alle starkwüchsig und mit anemonenähnlicher Blüte am alten Holz, Rückschnitt daher nur direkt nach Blüte empfehlenswert
Schlinger			
Chinesisches Spaltkörbchen, *Schisandra chinensis*	5–7 m	Halbschattig, frische bis feuchte, durchlässige Böden	Schöner Fruchtschmuck und attraktive Herbstfärbung, Früchte (der chinesische Name lautet »Wu-Wei-Zi«, was »Kraut der fünf Geschmacksrichtungen« bedeutet) essbar, im Frühjahr empfiehlt sich eine Gabe von organischem Dünger oder Kompost
Amerikanische Pfeifenwinde, *Aristolochia macrophylla*	Bis 10 m	Halbschattig bis schattig, nährstoffreiche, eher feuchte Böden	Wüchsiger Schlinger mit auffällig großen, dunkelgrünen und herzförmigen Blättern, der an geeigneter Stelle bis zu sechs Meter breit werden kann
Hopfen, *Humulus lupulus*	6–8 m	Sonnig bis halbschattig, anspruchslos, ideal sind feuchte, nährstoffreiche Böden	Stark wachsende Kletterstaude mit sehr dekorativem Laub, die keinen Stamm bildet, sondern jedes Frühjahr aus dem Wurzelstock neu austreibt
Blauregen, *Wisteria floribunda* und *W. sinensis*	6–15 m	Sonnig, frische, saure bis schwach alkalische, nährstoffreiche Böden, Staunässe vermeiden	Wunderschöne Kletterpflanzen mit blauvioletten, je nach Sorte auch weißen Blütentrauben, leider auch sehr schnittintensiv, die schlingenden Triebe können Rohre und Dachrinnen zusammendrücken!

Schnitthecken im Hausgarten

Name	Standort	Beschreibung	Anmerkung
Feldahorn, *Acer campestre*	Sonnig bis halbschattig, anspruchslos	Im Austrieb bronzefarbenes Laub, das im Herbst eine leuchtend goldgelbe Farbe annimmt, sehr frosthart und schnittverträglich	Auch frei wachsend oder als Vogelschutzhecke verwendbar, Jahreszuwachs bis zu 45 cm
Julianes Berberitze, *Berberis julianae*	Sonnig bis halbschattig, normaler Gartenboden	Kräftige Dornen, ovales, glänzendes Laub und auffällige Herbstfärbung, weitere mögliche Sorte: *B. verruculosa*	Immergrüne Laubhecke, auch frei wachsend oder als Vogelschutzhecke, Jahreszuwachs 20–30 cm
Berberitze, *Berberis thunbergii*	Sonnig bis schattig, eher frische Böden	Leuchtend orangefarbene Herbstfärbung und korallenrote Früchte, sehr frosthart, windresistent und schnittfest	Auch frei wachsend oder als Vogelschutzhecke, Jahreszuwachs bis zu 40 cm
Hainbuche, *Carpinus betulus*	Sonnig bis halbschattig, anspruchslos	Goldgelbe Herbstfärbung, beliebte Heckenpflanze, da guter Sicht- und Windschutz	Auch als Solitär oder Hochstamm, Jahreszuwachs bis zu 35 cm
Scheinzypresse, *Chamaecyparis lawsoniana*, div. Sorten	Sonnig bis schattig, anspruchslos	Sicht- und Schallschutz, diverse Farbnuancen über Silberblau, Dunkelgrün bis hin zu Gelb möglich	Immergrüne Nadelhecke, Jahreszuwachs nach Sorte 15–45 cm
Rotbuche, *Fagus sylvatica*	Sonnig bis schattig, anspruchslos	Guter Sicht- und Windschutz mit leuchtender goldbrauner Herbstfärbung, rotlaubige Variante: *Fagus sylvatica purpurea*	Auch als Solitär oder Hochstamm, Jahreszuwachs bis zu 50 cm
Liguster, *Ligustrum ovalifolium*	Sonnig bis halbschattig, anspruchslos	In milden Lagen wintergrüner, wenngleich etwas frostempfindlicher Strauch, sehr schnittverträglich	Kann auch frei wachsend gezogen werden, Jahreszuwachs ca. 25 cm
Gewöhnlicher Liguster, *Ligustrum vulgare* bzw. *L. vulgare* 'Atrovirens'	Sonnig bis schattig, sehr anspruchslos	Dunkelgrünes, glänzendes Laub und cremeweiße, stark duftende Blüten, die gerne von Insekten angeflogen werden	Auch für die Wildgehölzhecke geeignet, Jahreszuwachs 25 cm
Kirschlorbeer, *Prunus laurocerasus*, div. Sorten	Sonnig bis schattig, normaler Gartenboden	Glänzendes, dunkelgrünes Laub, das je nach Sorte elliptisch länglich, eiförmig oder schmal zugespitzt ist	Immergrüne Laubhecke, Jahreszuwachs sortenabhängig
Feuerdorn, *Pyracantha*, div. Formen und Hybriden	Sonnig bis halbschattig, sehr anpassungsfähig	Kräftige Dornen und dunkelgrünes, glänzendes Laub, nach der üppigen Blüte auffällig gefärbter Fruchtschmuck	Wintergrüne Laubhecke, gutes Schutzgehölz für Vögel, Jahreszuwachs sortenabhängig, Feuerbrandgefahr
Eibe, *Taxus baccata*, div. Sorten	Sonnig bis halbschattig, nährstoffreiche, kalkhaltige Böden	Gut schnittverträglich und standorttolerant, Früchte für Tiere essbar, für Menschen alle Pflanzenteile stark giftig	Immergrüne Nadelhecke, kann auch frei wachsend gezogen werden, Jahreszuwachs 20–30 cm
Lebensbaum, *Thuja occidentalis*, div. Sorten	Sonnig bis halbschattig, frisch bis feucht, nahrhaft	Guter Sicht- und Schallschutz, sehr frosthart	Immergrüne Nadelhecke, auch als Solitär verwendbar, Jahreszuwachs 20–30 cm

Einheimische Heckensträucher für Wildhecken

Name	Standort	Beschreibung	Anmerkung
Bis zu 3 Meter hoch			
Rote Heckenkirsche, *Lonicera xylosteum*	Sonnig bis schattig, anspruchslos	Genügsames, reich verzweigtes Wildgehölz mit eiförmigen Blättern, das von Mai bis Juni blüht, danach glänzende scharlachrote Früchte trägt	Formschnitt möglich, Bienenweide, Früchte Nahrung für Tiere (für Menschen giftig)
Bis zu 4 Meter hoch			
Felsenbirne, *Amelanchier ovalis*	Sonnig, bevorzugt warme, trockene Standorte	Sehr dekorativer, mehrstämmiger Strauch mit überhängendem, breitem Wuchs und farbenfroher Herbstfärbung, höher wachsende Arten: *A. laevis, A. lamarckii*	Bienenweide, Früchte für Tiere und Menschen essbar, sehr schön auch als Solitär, Feuerbrandgefahr
Faulbaum, *Frangula alnus*	Sonnig bis schattig, eher feuchte, tiefgründige Böden	Ausläufer bildendes Gehölz mit leuchtend goldgelber Herbstfärbung, Blätter sind Nahrung für Zitronenfalter	Bienenweide, Früchte sind Nahrung für Tiere (für Menschen giftig)
Roter Holunder, *Sambucus racemosa*	Sonnig bis halbschattig, Boden frisch, eher kalkarm	Locker verzweigter Großstrauch mit stark duftenden weißen Blüten und leuchtend roten Beeren in Schirmrispen	Bienenweide, Früchte Nahrung für Tiere, Samen für den Menschen giftig
Pimpernuss, *Staphylea pinnata*	Sonnig bis halbschattig, Boden schwach sauer bis alkalisch	Im Frühjahr von weißen, duftenden, glockenförmigen Blütenrispen überdeckt, Samen der Kapseln klappern im Wind (*mdh.* pimpern = klappern)	Bienenweide, Früchte Nahrung für Tiere (für Menschen giftig)
Wolliger Schneeball, *Viburnum lantana*	Sonnig bis leicht schattig, nicht zu nasse Böden	Reich verzweigter, buschiger Großstrauch, der sich ab Mai mit weißen, süßlich duftenden Blütenrispen schmückt, gut hitze- und trockenheitsverträglich	Bienenweide, Früchte Nahrung für Tiere (für Menschen giftig)
Gemeiner Schneeball, *Viburnum opulus*	Sonnig bis halbschattig, Boden eher feucht	Bis zu 4 Meter breiter Großstrauch mit tellerförmigen Blütenrispen und schöner Herbstfärbung, an zu trockenen Standorten oft Befall mit Blattläusen	Bienenweide, Früchte Nahrung für Tiere (für Menschen giftig)
Höher als 4 Meter			
Kornelkirsche, *Cornus mas*	Sonnig bis halbschattig, anspruchslos	Aufrecht wachsender, dicht verzweigter Strauch, der im Frühling vor Laubaustrieb gelb blüht, auch als Hochstamm erhältlich	Wichtige Bienenweide, Früchte für Tiere und Menschen essbar
Roter Hartriegel, *Cornus sanguinea*	Sonnig bis schattig, anspruchslos	Schöne leuchtend weinrote Herbstfärbung, junge Triebe dunkelblutrot, im Alter 4 bis 6 Meter breit werdend	Früchte sind Nahrung für Tiere (für den Menschen giftig)
Haselnuss, *Corylus avellana*	Sonnig bis halbschattig, anspruchslos	Breit aufrecht wachsender, vielstämmiger Nutzstrauch, auch als rotblättrige Ziervariante erhältlich	Haselnüsse für Menschen und Tiere
Pfaffenhütchen, *Euonymus europaeus*	Sonnig bis halbschattig, Boden eher feucht, kalkliebend	Anspruchsloser heimischer Strauch oder kleiner Baum mit originellen orangeroten Früchten und auffälliger Herbstfärbung	Bienenweide, Früchte Nahrung für Tiere (für Menschen giftig)

Fortsetzung – Einheimische Heckensträucher für Wildhecken

Stechpalme, *Ilex aquifolium*	Halbschattig bis schattig, Boden eher feucht	Markenzeichen: knallrote Beeren sowie immergrüne, dornig gezahnte Blätter, langsamwüchsig, lässt sich gut schneiden	Bienenweide, Früchte Nahrung für Tiere (für Menschen giftig)
Traubenkirsche, *Prunus padus*	Sonnig bis halbschattig, anspruchslos	Mehrstämmiger Großstrauch, der über 60 Jahre alt werden kann, im Frühjahr von stark duftenden, weißen Blüten übersät	Bienenweide, Früchte für Tiere und Menschen essbar
Salweide, *Salix caprea*	Sonnig bis halbschattig, anspruchslos	Dank seiner frühen Blütenkätzchen eine wichtige Bienenweide, sehr unempfindlich gegenüber Schnitt, ebenfalls empfehlenswert: *S. viminalis* (Korbweide)	Bienenweide, Blätter sind Nahrung für Raupen und Käfer
Schwarzer Holunder, *Sambucus nigra*	Sonnig bis schattig, anspruchslos	Breitbuschiger, locker aufrechter Großstrauch, von Juni bis Juli überreich mit duftenden, weißen Schirmrispen bedeckt	Bienenweide, Früchte für Mensch und Tier essbar
Mehlbeeren, *Sorbus*	Sonnig bis halbschattig, Boden frisch, nicht zu nährstoffarm	Mögliche Arten: *S. domestica* (Speierling) und *S. aucuparia* (Vogelbeere), für trockenere Böden *S. torminalis* (Elsbeere); alle mit zierenden Fruchtständen und adretter Herbstfärbung, auch als Solitär	Früchte als Nahrung für Tiere und (gekocht) für Menschen, Feuerbrandgefahr

Kleinwüchsige Sträucher und Bäume

Name	Standort	Beschreibung	Schnittmaßnahmen
Bis 3 Meter			
Scheinhasel, *Corylopsis pauciflora*	Sonnig bis halbschattig, geschützter Standort mit durchlässiger, humoser Erde	Graziöser, breitbuschiger Strauch mit zartgelben Blütenglöckchen zu Beginn des Frühlings, spätfrostgefährdet, leidet bei Bodentrockenheit und Hitze	Schnitt nicht erforderlich
Garteneibisch, *Hibiscus syriacus*	Sonnig bis halbschattig, nährstoffreiche, frische bis mäßig trockene Böden	Schöner, wärmeliebender Blütenstrauch, auch als Hochstamm in zahlreichen Sorten und Farben erhältlich, in jungen Jahren Winterschutz empfehlenswert	Alle paar Jahre Rückschnitt, um buschigen Wuchs und Blütenansatz zu fördern
Samt-Hortensie, *Hydrangea aspera* ssp. *sargentiana*	Halbschattig, frischer bis feuchter, gut durchlässiger, eher saurer Boden	Aufrechter Strauch mit samtgrünen, auffällig großen und bepelzten Blättern, blüht von Juli bis September in hellvioletten bis bläulichen Schirmrispen mit weißem Rand	Schnitt nicht erforderlich
Magnolie, *Magnolia stellata*	Sonnige, geschützte Lage mit nahrhaften, sauren bis mäßig alkalischen Böden	Sehr langsam wachsender Strauch mit reinweißen, sternförmigen Blüten noch vor Blattaustrieb, Bodenbearbeitung im Wurzelbereich vermeiden	Schnitt möglichst vermeiden, nur totes oder krankes Holz auslichten

Fortsetzung – Kleinwüchsige Sträucher und Bäume

Zwergflieder, *Syringa microphylla* 'Superba'	Sonnig, nahrhafte, mäßig trockene bis feuchte Böden	Breit überhängend wachsender Kleinstrauch, der im Mai in stark duftenden rosa Blütenrispen blüht, Nachblüte bis Oktober	Verblühte Rispen sollten abgeschnitten werden
Schneeball, *Viburnum* x *burkwoodii*	Sonnig bis halbschattig, mäßig trockene bis frische, nährstoffreiche Böden	Wintergrüner, bis zu 3 Meter breit werdender Strauch mit glänzendem Laub und rosaweißen, stark duftenden Blütendolden (April/Mai)	Bei Bedarf schiefe oder quer gewachsene Äste im Spätwinter herausschneiden
Bis 4 Meter			
Schneeflockenstrauch, *Chionanthus virginicus*	Sonnig bis halbschattig, tiefgründige, frische, schwach saure bis neutrale Böden	Mehrstämmiger Kleinbaum, der zur Blütezeit im Frühsommer mit schneeweißen, duftenden Blütenrispen bedeckt ist	Kein Schnitt nötig, bei Bedarf schiefe oder quer gewachsene Äste im Spätwinter herausschneiden
Sieben-Söhne-des-Himmels-Strauch, *Heptacodium miconioides*	Sonnig, normaler Gartenboden	Aus China stammender Strauch mit rahmweißen, duftenden Blüten und dekorativen, rosa bis purpurnen Fruchtständen	Kein Schnitt notwendig
Blasenspiere, *Physocarpus opulifolius*	Sonnig bis schattig, anspruchslos und anpassungsfähig	Starkwüchsiger Strauch mit bogig überhängenden Zweigen, 'Diabolo' mit blutrotem Laub und weißrosa Blüten	Bei Bedarf im Frühjahr alte Triebe bodeneben herausschneiden
Bis 7 Meter			
Kugel-Ahorn, *Acer platanoides* 'Globosum'	Sonnig bis halbschattig, keine besonderen Ansprüche	Sehr schöne goldgelbe Herbstfärbung, Kugelbreite kann bei ausgewachsenen Exemplaren 6 Meter erreichen	Kein Schnitt notwendig, bei Bedarf Formschnitt
Ahorn, *Acer* (z. B. *A. japonicum*, *A. palmatum*, *A. ginnala*)	Sonnig bis halbschattig, mäßig saure bis neutrale, nährstoffreiche, durchlässige Böden	Strauchartige Wuchsform, leuchtend orangerotes bis weinrotes Herbstlaub, empfindlich bei zu nassen und zu verdichteten Böden	Schnitt möglichst vermeiden
Eschen-Ahorn, *Acer negundo*	Sonnig, anspruchslos	Mögliche Sorten: 'Aureo-Variegatum' mit dunkelgrünem, gelb geflecktem Laub, 'Flamingo' mit weiß bis rosaweiß marmorierten Blättern, 'Variegatum' mit weiß gerandetem Laub	Bei Bedarf Auslichtungsschnitt im Winter, Zweige mit rückmutierten grünen Blättern müssen entfernt werden
Kugel-Trompetenbaum, *Catalpa bignonioides* 'Nana'	Sonnig bis halbschattig, anspruchslos	Kompakte Krone mit großen, herzförmigen Blättern, sehr schön in Vorgärten oder formalen Anlagen, im Alter wird die kugelförmige Krone flachrund und kann eine Breite von bis zu 7 Metern erreichen	Bei Bedarf die Kugelkrone einstutzen
Blumen-Hartriegel, *Cornus florida* bzw. *kousa*	Sonnig bis halbschattig, leicht saure, frische, nahrhafte Böden	Breit verzweigte, langsam wachsende Sträucher mit auffallend schönen Scheinblüten, *C. kousa* trockenheitsverträglicher als *C. florida*	Kein Schnitt notwendig

Fortsetzung – Kleinwüchsige Sträucher und Bäume

Schneeglöckchen-strauch, *Halesia carolina*	Sonnig bis halbschattig, humose, tiefgründige, frischfeuchte, schwach saure Böden	Schmückt sich kurz vor Laubaustrieb von April bis Mai mit attraktiven weißen Glockenblumen	Kein Schnitt notwendig, höchstens auslichten
Zaubernuss, *Hamamelis*, div. Arten und Sorten	Sonnig bis absonnig, feuchte, durchlässige, saure bis neutrale Böden in geschützter Lage	Schon im Winter unzählige sternförmige, gelbe Blüten an den nackten Zweigen, schöne Herbstfärbung	Schnittmaßnahmen möglichst unterlassen
Glanzmispel, *Photinia villosa*	Sonnig bis halbschattig, normaler Boden	Ausladender Wuchs, auffällige rotorangefarbene Herbstfärbung, immergrüne Variante: *P. fraseri* 'Red Robin' auch als Heckenpflanze/Solitär mit interessantem Farbwechsel, nur für milde Lagen	Falls erforderlich, nach Blüte auslichten
Flieder, *Syringa vulgaris*	Sonnig bis absonnig, mäßig trockene bis frische, nahrhafte Böden	Diverse Hybriden mit weißen, gelben, lavendelblauen oder lilafarbenen Blüten, alle mit dem charakteristischen Fliederduft	Alle paar Jahre alte Äste und eng stehende Triebe herausschneiden, verblühte Rispen ausbrechen
Bis 10 Meter			
Schlangenhaut-Ahorn, *Acer capillipes*	Sonnig bis halbschattig, saure bis neutrale, nahrhafte Böden	Baumartiger Großstrauch mit dekorativer, braungrün-weiß gestreifter Rinde	Schnitt möglichst vermeiden
Säulen-Hainbuche, *Carpinus betulus* 'Frans Fontaine'	Sonnig bis schattig, normale, frische Böden	Charakteristische schmale, dichte Säulenform, die sich jedoch erst im Alter von ca. 20 Jahren ausbildet	Formschnitt mit Heckenschere
Judasbaum, *Cercis canadensis* 'Forest Pansy'	Sonnig, sandige, gut durchlässige, nicht zu nährstoffreiche Böden, empfindlich gegen Nässe	Malerischer Großstrauch mit dunkelbraun-rotem Laub, das im Alter eine tiefpurpurrote Tönung annimmt, März und April zahlreiche purpurrosa Schmetterlingsblüten, winterhärter als *C. siliquastrum*	Schnitt möglichst unterlassen
Schmalblättrige Ölweide, *Elaeagnus angustifolia*	Sonnig, toleriert jede Bodenart	Sehr robuster und anspruchsloser Baum mit lockerer Kronenform und weichem, silbrigem Laub, Bienenweide	Kein Schnitt notwendig, bei Bedarf auslichten
Blumen-Esche, *Fraxinus ornus*	Sonnig, ideal sind durchlässige, warme, kalkhaltige Böden	Genügsamer Großstrauch bzw. kleiner Baum mit zierenden, angenehm duftenden, cremeweißen Blüten im Mai/Juni	Bei Bedarf auslichten
Blasenbaum, *Koelreuteria paniculata*	Sonnig, normale, trockene bis frische Böden	Gut hitzeverträglich, im August gelbe, 15–30 cm lange, aufrechte Blütenrispen, in jungen Jahren etwas frostempfindlich, Kronenbreite im Alter bis zu 6 Meter	Kein Schnitt notwendig, nur spätfrostgeschädigte Teile bei Bedarf entfernen

Fortsetzung – Kleinwüchsige Sträucher und Bäume

Kobushi-Magnolie, *Magnolia kobus*	Sonnig bis halbschattig, normale, frische Böden und geschützte Lage	Charakteristisch sind die weißen, weit geöffneten Blütensterne, Spätfrostgefahr! Kann ausgewachsen bis zu 8 Meter breit werden	Schnitt möglichst unterlassen
Eisenholzbaum, *Parrotia persica*	Sonnig bis absonnig, frische, durchlässige Gartenböden	Sensationelle, lang anhaltende gelbe bis scharlachrote Herbstfärbung, Einzelstellung empfehlenswert	Schnitt nicht notwendig
Zierkirsche, *Prunus*, div. Arten und Sorten (z. B. *P. serrulata* oder *P. padus* 'Albertii')	Sonnig bis halbschattig, anspruchslos, ideal sind gleichbleibend feuchte, humose und nährstoffreiche Substrate	Vielfältige Gehölzgattung mit einem breiten Spektrum an Formen, Farben und Wuchsstärken, überwältigende Blütenfülle, bei *Prunus subhirtella* 'Autumnalis' z. B. bereits im November	Alle paar Jahre alte Äste und eng stehende Triebe herausschneiden
Kugel-Robinie, *Robinia pseudoacacia* 'Umbraculifera'	Sonnig, lockere, sauerstoffreiche Böden	Windgeschützter Standort, da brüchiges Holz, Blätter, Rinde und Früchte giftig, ebenfalls empfehlenswert: *R. pseudoacacia* 'Frisia'	Im Alter die Kugelform wieder in Form bringen
Eberesche, *Sorbus* (z. B. *S.* x *arnoldiana* oder *S. decora*)	Sonnig bis halbschattig, normale bis frische, nicht zu nährstoffarme Böden	Diverse mögliche Arten und Hybriden, alle reich blühend, mit schöner Herbstfärbung und attraktivem Fruchtschmuck, Feuerbrandgefahr	Stammaustriebe entfernen, falls Kronenveredlung
Höher als 10 Meter			
Amberbaum, *Liquidambar styraciflua*	Sonnig, frische, schwach saure bis neutrale, tiefgründige Böden	Ahornähnliches Laub, das sich im Herbst dramatisch von Gelb über Orange bis zu Feuerrot verfärbt, 'Gum Ball' hat Kugelform	Schnitt möglichst unterlassen
Sauerbaum, *Oxydendrum arboreum*	Sonnig, sehr anpassungsfähig	Kleiner Baum mit locker aufgebauter Krone, intensiver scharlachroter Herbstfärbung sowie maiglöckchenartigen Blüten	Keine Schnittmaßnahmen notwendig

Blütenschleier

Name	Wuchshöhe	Blütenfarbe und -zeit	Stück pro 100 m²	Beschreibung
Gerüstbildner				
Buntes Gartensandrohr, *Calamagrostis* x *acutiflora* 'Overdam'	80–130 cm	Juni bis August	50	Straff aufrechtes Gras mit dezent weißbuntem Laub
Begleitstauden				
Goldquirl-Garbe, *Achillea clypeolata* 'Schwellenburg'	30 cm	Hellgelb, Juni bis August	100	Zierende Samenstände im Winter
Raublatt-Aster, *Aster novae-angliae* 'Purple Dome'	45–55 cm	Dunkelviolett, September bis Oktober	100	Niedrige, kompakte Form der Raublatt-Aster
Armenischer Staudenmohn, *Papaver lateritium* 'Plena'	30 cm	Orange, gefüllt, Mai bis Juni	100	Niedriger, ausdauernder Mohn, Austrieb im Herbst, zieht im Sommer ein
Steppensalbei, *Salvia nemorosa* 'Mainacht'	40 cm	Blau, grau Mai bis September	100	Frühsommerblüher mit locker verzweigten Blütenähren
Füllpflanzen (kurzlebige und ggf. einjährige Arten)				
Purpur-Leinkraut, *Linaria purpurea*	60–80 cm	Purpurviolett, Juli bis September	60	Samt sich an zusagenden Plätzen selbst aus
Bodendeckerstauden				
Himalaja-Perlkörbchen, *Anaphalis triplinervis* 'Silberregen'	30 cm	Weiß, September bis Oktober	60	Gute Winterwirkung, graugrünes Laub
Teppich-Myrten-Aster, *Aster ericoides* 'Snowflurry'	15–20 cm	Weiß, September bis Oktober	100	Bildet flache Matten
Zypressen-Wolfsmilch, *Euphorbia cyparissias* 'Fens Ruby'	20–30 cm	Zitronengelb, Mai bis Juli	60	Dunkelroter Austrieb, Ausbreitung durch unterirdische Ausläufer
Teppich-Schleierkraut, *Gypsophila repens* 'Pink Star'	50 cm	Rosa, Juni bis August	100	Lockere Blütenschleier im Hochsommer
Blumenzwiebeln und -knollen, Pflanzung im Herbst				
Iran-Lauch, *Allium aflatunense* 'Purple Sensation'	90 cm	Purpur, Mai bis Juni	100	Große Blütenkugeln im Frühsommer auf hohen Stielen
Blaues Balkan-Windröschen, *Anemone blanda* 'Blue Shades'	10 cm	Mittelblau, März bis April	500	Bei zusagendem Standort entstehen durch Selbstaussaat bald dichte Blütenteppiche

Fortsetzung – Blütenschleier

Gold-Krokus, *Crocus flavus*	10 cm	Goldgelb, Februar bis März	500	Spätwinterblüher
Winterling, *Eranthis hyemalis*	5 cm	Gelb, Februar bis März	1000	Niedrige Blüten im ausgehenden Winter
Traubenhyazinthe, *Muscari armeniacum* 'Christmas Pearl'	15 cm	Blau, April	500	Laubaustrieb bereits im Herbst
Tulpe, *Tulipa praestans* 'Füsilier'	25 cm	Orangerot, April	500	Mehrere leuchtende Blüten pro Austrieb

Silbersommer

Name	Wuchshöhe	Blütenfarbe und -zeit	Stück pro 100 m²	Bemerkung
Gerüstbildner				
Goldgarbe, *Achillea filipendulina* 'Coronation Gold'	70 cm	Gelb, Juni bis Oktober	20	Silbrig graues Laub mit goldenen Blütenköpfchen
Atlas-Schwingel, *Festuca mairei*	50 cm – 1 Meter	Grün/grau, Juni bis Juli	10	Dünne, elegant übergeneigte Halme, Rückschnitt im Frühjahr, schöner Winteraspekt
Blauraute, *Perovskia abrotanoides*	50 cm – 1,5 Meter	Violett, August bis Oktober	10	Halbstrauch mit aromatischem, lavendelartigem Duft
Brandkraut, *Phlomis russeliana*	120 cm	Leuchtend gelb, Juni bis Juli	10	Blütenquirl-Fruchtstände sind ein schöner Winterschmuck
Purpur-Fetthenne, *Sedum telephium* 'Herbstfreude'	50 cm	Rostrot, September bis Oktober	25	Wertvolle Insekten- und Schmetterlingsweide, hoher Winterzierwert
Silber-Ährengras, *Stipa calamagrostis* 'Algäu'	40–70 cm	Gelblich weiß, Juni bis September	10	Schönes, lang blühendes Gras mit bogig überhängenden Halmen
Seidenhaar-Königskerze, *Verbascum bombyciferum*	180 cm	Gelb, Juli bis August	10	Silberwollige Blätter an weißfilzigen, verzweigten Stielen, zweijährig, samt sich selbst aus

Fortsetzung – Silbersommer

Begleitstauden				
Himalaja-Perlkörbchen, *Anaphalis triplinervis* 'Silberregen'	30 cm	Weiß, September bis Oktober	35	»Strohblumen« mit guter Winterwirkung, graugrünes Laub
Bergaster, *Aster amellus* 'Sternkugel'	40 cm	Rot/violett, August bis September	35	Kompakter Herbstblüher und gute Bienenweide, bei Sandböden Alternativarten verwenden
Goldhaaraster, *Aster linosyris*	60 cm	Gelb, August bis September	35	Spätsommerblüher, feine Textur durch lineare Blätter
Bunte Wolfsmilch, *Euphorbia polychroma*	35 cm	Leuchtend gelb, April bis Mai	35	Halbkugelige Wuchsform, weithin leuchtende Blüte im Mai, rote Herbstfärbung
Präriekerze, *Gaura lindheimeri*	60–100 cm	Weiß, Juli bis Oktober	20	Elegante Blütenschleier, erhält sich durch Selbstaussaat
Rote Witwenblume, *Knautia macedonica*	60 cm	Tiefrot, Juli bis August	35	Reich und lang blühende Wildstaude, erhält sich durch Selbstaussaat
Großer Ehrenpreis, *Veronica teucrium* 'Knallblau'	25 cm	Blau, Mai bis Juni	35	Dank seiner leuchtenden Blüten sehr auffällig
Füllpflanzen				
Rasselblume, *Catananche caerulea*	60 cm	Blau, Juni bis September	25	Lange Blütezeit, kurzlebig, erhält sich durch Selbstaussaat
Blauer Stauden-Lein, *Linum perenne*	40–70 cm	Blau, Juni bis August	25	Lange Blütezeit, kurzlebig, erhält sich durch Selbstaussaat
Weiße Vexiernelke, *Silene coronaria* 'Alba'	20–80 cm	Weiß, Juni bis Juli	20	Weißfilzige, silbergraue Rosetten, kurzlebig, reich versamend
Gelbe Skabiose, *Scabiosa ochroleuca*	60–80 cm	Hellgelb, Juli bis September	20	Dauerblüher, kurzlebig, reich versamend

Fortsetzung – Silbersommer

Bodendecker				
Hain-Anemone, *Anemone sylvestris*	20–40 cm	Weiß, Mai bis Juni	50	Flächige Ausbreitung durch Wurzelsprosse
Bergminze, *Calamintha nepeta* ssp. *Nepeta*	30–40 cm	Hellviolettblau, August bis Oktober	65	Frischer Minzeduft, Bienenweide, nur sterile Form verwenden
Zypressen-Wolfsmilch, *Euphorbia cyparissias*	20–40 cm	Gelb, Juni bis Juli	50	Ausläufer treibende, heimische Art mit fein texturiertem Laub, Bienenweide
Kaukasus-Storchschnabel, *Geranium renardii*	20–25 cm	Weiß, blau geadert, Juni bis Juli	60	Sehr schönes graugrünes Blattwerk mit genarbter Oberfläche, schöne Herbstfärbung
Weißer Blut-Storchschnabel, *Geranium sanguineum* 'Album'	30 cm	Weiß, Mai bis August	60	Üppig wachsende Sorte mit feingliedrigem Laub, nur diese sterile Sorte verwenden
Kleines Habichtskraut, *Hieracium pilosella* 'Niveum'	5–15 cm	Hellgelb, Mai bis August	65	Bildet niedrige Teppiche, nur diese Sorte mit silbergrauen Blättern verwenden
Katzenminze, *Nepeta* x *faassenii*	30 cm	Lilablau, Mai bis September	50	Graulaubig, reich und lange blühend, Insektenweide
Blumenzwiebeln und -knollen, Pflanzung im Herbst				
Zierlauch, *Allium nigrum*	60–80 cm	Weiß, Mai bis Juli	150	Zuverlässige Zierlauch-Art; Einzel- oder Gruppenpflanzung
Weißes Balkan-Windröschen, *Anemone blanda* 'White Splendour'	15 cm	Weiß, März bis April	500	Wüchsige, sterile Sorte mit langer Blütezeit, im Mai einziehend, in Dreier- bis Fünfertuffs pflanzen
Elfen-Krokus, *Crocus tommasinianus* 'Ruby Giant'	10 cm	Lila, Februar bis März	800	Einer der frühesten Krokusse, reich blühend, steril, wüchsig, in Fünfer- bis Zehnertuffs pflanzen
Bleitblättrige Traubenhyazinthe, *Muscari latifolium*	20 cm	Blau, April bis Mai	400	Selbstaussaat, in Fünfer- bis Zehnertuffs pflanzen
Botanische Tulpe, *Tulipa praestans* 'Füsilier'	10–30 cm	Orangerot, April	200	Mehrblütige Tulpe, einzeln oder in kleinen Gruppen pflanzen

Präriesommer

Name	Wuchs-höhe	Blütenfarbe und -zeit	Stück pro 100 m²	Bemerkung
Gerüstbildner				
Anis-Ysop, Duftnessel, *Agastache foeniculum* 'Blue Fortune'	60–100 cm	Blauviolett, Juli bis September	15	Lange Blütenähren und zierende Samenstände, vertikale Struktur
Myrtenaster, *Aster ericoides* 'Pink Star'	80 cm	Rosa, Oktober bis November	15	Hübsche Schleieraster, sehr schön auch in Sträußen
Blaue Färberhülse, Indigolupine, *Baptisia australis*	100 cm	Violettblau, Juli bis August	15	Lupinenartige Schmetterlingsblüten und schöne Samenstände
Goldbandrute, Blaustängelige Goldrute, *Solidago caesia*	60 cm	Gelb, September bis Oktober	10	Elegante, bogenförmige Wuchsform zur Blütezeit, sonst horstiger Wuchs
Rutenhirse, *Panicum virgatum* 'Hänse Herms' oder 'Heavy Metal'	70–120 cm	Bräunlich, August bis September	15	Solitär, zierende Samenstände, leuchtend kupferrote Herbstfärbung
Begleitstauden				
Bleicher Schein-Sonnenhut, *Echinacea pallida*	80 cm	Hellrosa, Juli bis September	50	Die igelförmigen Blüten ziehen Schmetterlinge an und eignen sich gut für die Vase.
Roter Schein-Sonnenhut, *Echinacea purpurea*	80–100 cm	Karminrot, Juli bis September	75	Straff aufrechter Wuchs mit wenig verzweigten Blütenständen, zierende Samenstände
Ährige Prachtscharte, *Liatris spicata*	30–80 cm	Lila, Juli bis September	60	Blütenstände erblühen von oben nach unten, Schmetterlingspflanze
Minzblättrige Indianernessel, *Monarda fistulosa* var. *menthifolia*	80 cm	Purpurrosa, Juli bis August	45	Aromatisch duftende Pflanze mit kugeligen Samenständen, kurzlebig
Präriampfer, *Parthenium integrifolium*	110 cm	Silbrig weiß, Juni bis September	15	Zierende Samenstände und Blütendolden, üppiges Laub
Fingerhut-Bartfaden, *Penstemon digitalis* 'Huskers Red'	120 cm	Weiß, Juni bis August	50	Schöne Schnittstaude mit wintergrünen Rosetten und bronzefarbenem Laub
Ohio-Dreimasterblume, *Tradescantia ohiensis*	80–90 cm	Hellviolett, Mai bis Juli	80	Vorsommeraspekt, Pflanze zieht im Sommer ein
Füllpflanzen (kurzlebige und ggf. einjährige Arten)				
Patagonisches Eisenkraut, *Verbena bonariensis*	130 cm	Lila, Juli bis Oktober	30	Lange blühend, aber wenig winterhart, samt sich leicht aus

Fortsetzung – Präriesommer

Prachtkerze, *Gaura lindheimeri*	60–100 cm	Weiß, Juli bis Oktober	10	Kompakte Sorte, Blütezeit bis zum Frost, oft kurzlebig
Bodendecker				
Schmalblättrige Bergminze, *Pycnanthemum tenuifolium*	60 cm	Hellpurpur, Juli bis September	150	Kurze Rhizome, zierende Samenstände, Bienenweide
Weiße Waldaster, *Aster divaricatus*	40–60 cm	Weiß, August bis September	100	Niedrige Schleieraster mit hübschen Blütensternen
Weißer Beifuß, *Artemisia ludoviciana* var. *albula* 'Silver Queen'	70 cm	Cremegelb, Juli bis August	15	Weißfilzig behaartes, silbrig schimmerndes Laub, bildet Ausläufer
Behaarte Nachtkerze, *Oenothera pilosella*	30 cm	Gelb, Juni	50	Wintergrüne Blattrosetten und schöne Herbstfärbung
Blumenzwiebeln und -knollen, Pflanzung im Herbst				
Leichtlins Prärielilie, *Camassia leichtlinii* 'Caerulea'	70–90 cm	Blau, Mai	200	Sternförmige Blüten auf hohen Stielen
Alpenveilchen-Narzisse, *Narcissus cyclamineus* 'Jenny'	25–30 cm	Cremeweiß, Februar bis März	800	Kräftige Pflanze mit Wildcharakter

Pink Paradise

Name	Wuchshöhe	Blütenfarbe und -zeit	Stück pro 100 m²	Bemerkung
Gerüstbildner				
Gartensandrohr, *Calamagrostis x acutiflora* 'Karl Foerster'	60–150 cm	Braun, Juli bis August	10	Straff aufrechtes, weizenfarbenes und sehr dekoratives Gras
Atlas-Schwingel, *Festuca mairei*	30–100 cm	Gelblich braun, Juli bis August	30	Kompakte Staude mit schönem Winterlaub
Japanisches Federborstengras, *Pennisetum alopecuroides* 'Japonicum'	90–130 cm	Braun-weiß, August bis Oktober	10	Frischgrünes Gras, elegant, leicht überhängend
Begleitstauden				
Herbstanemone, Anemone 'Königin Charlotte' *(Autumn-Elegans-Group)*	60–90 cm	Rosa, halb gefüllt, August bis Oktober	20	Herbstblüher, evtl. Winterschutz in jungen Jahren

Fortsetzung – Pink Paradise

Weiße Natternwurz, *Eupatorium rugosum* 'Chocolate' (Syn. *Ageratina altissima* 'Chocolate')	80–100 cm	Weiß, Juli bis September	20	Dekorative Blattschmuckstaude mit rotbraunen Blättern
Kleinblütiges Purpurglöckchen, *Heuchera micrantha* 'Plum Pudding'	60 cm	Weißlich rosa, Juni bis August	40	Im Frühjahr ausputzen, pflaumenpurpurfarbenes Laub, Blattschmuckstaude
Blutweiderich, *Lythrum salicaria*	100–120 cm	Dunkelrosa, Juli bis September	20	Einheimische Staude, samt sich gerne aus
Schlangen-Wiesenknöterich, *Persicaria bistorta* 'Superba'	80 cm	Rosa, Mai bis August	30	Rückschnitt nicht erforderlich, natürlich wirkende Staude, robust, samt sich selbst aus, zieht im Herbst ein
Miesmäulchen, *Chelone obliqua* 'Alba'	60–80 cm	Weiß, Juli bis September	20	Aufrecht wachsende Staude, die sich durch Ausläufer ausbreitet
Großblütiger Ziest, *Stachys grandiflora* 'Superba'	40 cm	Rosa, Juli bis August	30	Dichte Horste mit aufrechten Blütenstängeln und leuchtenden Blüten
Akeleiblättrige Wiesenraute, *Thalictrum aquilegifolium*	100 cm	Lilarosa, Juni bis Juli	30	Rückschnitt nach Blüte, einheimische, filigran wirkende Staude
Sibirische Schwertlilie, *Iris sibirica* 'Red Flame'	80 cm	Dunkelviolett, Mai bis Juli	20	Wiesenartiger Charakter, rotbraune Herbstfärbung
Füllpflanzen				
Gewöhnliche Akelei, *Aquilegia vulgaris*	50 cm	Violettblau, Mai bis Juni	20	Rückschnitt nach Blüte, einheimische Staude, kurzlebig, samt sich selbst aus
Bodendecker				
Cambridge-Storchschnabel, *Geranium* x *cantabrigiense* 'Berggarten'	25 cm	Karminrosa, Mai bis Juli	80	Schöne rote Herbstfärbung, Rückschnitt nicht erforderlich
Oxford-Storchschnabel, *Geranium* x *oxonianum* 'Rose Clair'	30 cm	Hellrosa, Mai bis Juli	80	Schwachwüchsiger Bodendecker
Pracht-Storchschnabel, *Geranium* x *magnificum* 'Rosemoor'	40–50 cm	Blauviolett, Juni–Juli	70	Horstartig wachsender Bodendecker
Kissenaster, *Aster dumosus* 'Rosenwichtel'	15–20 cm	Dunkelrosa, August bis September	70	Kissen bildende Aster, reich blühend, schöne Blütenschmuckwirkung

Fortsetzung – Pink Paradise

Blumenzwiebeln und -knollen, Pflanzung im Herbst				
Iran-Lauch, *Allium aflatunense* 'Purple Sensation'	90 cm	Violett, Mai bis Juni	300	Auffälliger, kugelförmiger Zierlauch
Roter Kugellauch, *Allium sphaerocephalon*	40–100 cm	Rötlich violett, Juli	300	Halbkugelförmiger Zierlauch, dessen Blüten hoch über der Pflanzung stehen
Balkan-Windröschen, *Anemone blanda* 'White Splendour'	15 cm	Weiß, März bis April	400	Blütenteppich im April, wüchsige, sterile Sorte mit langer Blütezeit, im Mai einziehend
Balkan-Windröschen, *Anemone blanda* 'Blue Shades'	10 cm	Mittelblau, März bis April	400	Dichter Blütenteppich im April, wüchsige, sterile Sorte mit langer Blütezeit, im Mai einziehend
Wildkrokus, *Crocus etruscus* 'Rosalind'	8–12 cm	Rosa, März bis April	1500	Kleinblütiger Krokus
Hyazinthe, *Hyacinthus multiflora*, rosa blühende verwenden	25 cm	Dunkelrosa, April bis Juni	100	Intensiv gefärbte, dicht blühende Hyazinthen
Botanische Tulpe, *Tulipa bakeri* 'Lilac Wonder'	40 cm	Dunkelrosa, Mai bis Juli	700	Niedrige, zuverlässig blühende Tulpe
Einsaaten				
Strand-Silberkraut, *Alyssum maritimum* 'Orientalische Nacht'	40 cm	Lila	2 g	Einjährige, teppichbildende Polsterpflanze, Dauerblüher
Doldige Schleifenblume, *Iberis umbellata* 'White Flash'	40 cm	Weiß	9 g	Niedrig bleibende Einjährige, Frühjahrsblüher
Kalifornischer Kappenmohn, *Eschscholzia californica* 'Rose Chiffon'	20 cm	Rosa	5 g	Zarte, mohnartige Blüten, einjährig

Exotischer Blütenwandel

Name	Wuchs-höhe	Blütenfarbe und -zeit	Stück pro 100 m²	Bemerkung
Gerüstbildner				
Pracht-Akanthus, *Acanthus mollis*	70–100 cm	Weiß-rosa, Juni bis Juli	20	Imposante Staude mit dekorativem Laub, die viel Platz benötigt
Wiesen-Taglilie, *Hemerocallis lilioasphodelus*	75 cm	Zartgelb, Mai bis Juni	50	Intensiv duftende Blütenglocken zwischen grasartigem Laub
Moor-Pfeifengras, *Molinia caerulea* 'Strahlenquelle'	40–80 cm	Grün, August bis Oktober	30	Auffallende goldgelbe Herbstfärbung, standfest im Winter
Begleitstauden				
Weiße Waldaster, *Aster divaricatus* 'Tradescant'	40 cm	Weiß, September bis Oktober	50	Besonders reizvoll durch späte Blütezeit
Knotiger Storchschnabel, *Geranium nodosum*	50 cm	Lilarosa, Mai bis August	100	Samt sich stark aus, nur auf trockenen Plätzen verwenden
Lilien-Funkie, *Hosta plantaginea* 'Honey Bells'	60–70 cm	Blasslavendelfarben, August bis September	80	Hellgrün belaubte, etwas Sonne vertragende Funkie
Füllpflanzen				
Kanadische Akelei, *Aquilegia canadensis*	50–70 cm	Orangerot, Mai bis Juni	150	Attraktive Wildform
Pfirsichblättrige Glockenblume, *Campanula persicifolia*	60–100 cm	Blau, Juni bis Juli	100	Bezaubernder Frühsommerblüher mit glockenförmigen Blüten
Blassgelber Scheinlerchensporn, *Pseudofumaria alba* subsp. *alba* (Syn. *Corydalis ochroleuca*)	20–30 cm	Weiß, Mai bis September	100	Dauerblüher mit hübschen graugrünen Fiederblättchen
Bodendecker				
Schmallaubige Schattensegge, *Carex sabynensis* 'Thinny Thin' (Syn. *Carex umbrosa* subsp. *sabynensis*)	20–30 cm	Mai–Juni	100	Dunkelgrünes, sehr schmalblättriges Gras mit gelbem Mittelstreifen
Immergrünes Teppichsedum, *Sedum hybridum* 'Immergrünchen'	15–20 cm	Gelb, Juni bis August	100	Immergrüner Bodendecker

Fortsetzung – Exotischer Blütenwandel

Golderdbeere, *Waldsteinia geoides*	20–30 cm	Gelb, April bis Mai	100	Blühfreudiger Bodendecker mit gelappten Blättern
Blumenzwiebeln und -knollen, Pflanzung im Herbst				
Winterling, *Eranthis hyemalis*	5–10 cm	Gelb, Februar bis März	1000	Niedrige Blüten im Spätwinter, für Bienen die erste Nektarquelle des Jahres
Spanisches Hasenglöckchen, *Hyacinthoides hispanica*	25–30 cm	Blau, Mai	250	Im späten Frühjahr blühend
Sibirischer Blaustern (Wildform), *Scilla siberica*	15 cm	Blau, März bis April	1000	Samt sich gut aus
Goldlauch, *Allium moly*	20 cm	Gelb, Mai bis Juni	250	Frühsommerblüher

Auswahl »schneckenresistenter« Pflanzen für unterschiedliche Standorte

Name	Standort	Beschreibung
Gartenschafgarbe, *Achillea*	Vollsonnig, durchlässige, eher nährstoffreiche Böden	Bewährte, genügsame Gartenstaude, Höhe 20–120 cm, sehr schön auch zu Rosen, jüngere Exemplare bei hoher Schneckendichte schutzbedürftig
Zierlauch, *Allium moly*, *A. giganteum*, *A. christophii*	Sonnig, trockene bis frische, durchlässige Böden	Extravagante Blütenkugeln, *A. giganteum* bis zu 180 cm hoch, *A. moly* blüht gelb, *A. giganteum* und *A. christophii* lila, jeweils Mai bis Juli, schön auch zu Rosen
Silberimmortelle, *Anaphalis margaritacea*	Sonnig, trocken	Perfekt als Rosenbegleiter oder als Bodendecker auf sonnigen, trockenen Standorten, charmante weiße Blütchen, die ein wenig an Strohblumen erinnern
Herbstanemone, *Anemone hupehensis* var. *japonica*, Buschwindröschen, *A. nemerosa*	Leicht schattig bis schattig, frische Böden	Buschwindröschen blühen im Frühling mit strahlend weißen Schalenblüten und werden etwa 20 cm hoch, Herbstanemone in Rosa oder Weiß am Ende des Gartenjahres und etwa 100 cm hoch, ideal für beide: ein schattiger Gehölzrand
Akelei, *Aquilegia*	Leicht schattig, eher feucht	Die bescheidene Akelei darf in keinem Bauerngarten fehlen, samt leicht aus, gut für den Schnitt geeignet, besonders adrett in Gruppen
Geißbart, *Aruncus dioicus*	Leicht schattig bis schattig, tiefgründige, frische Böden	Bis zu 1,80 Meter hoch, im Sommer lange, luftige Blütenstände, ideal als Solitär, am Gehölzrand oder als Rhododendronbegleiter
Prachtspiere, *Astilbe*	Halbschattig, nahrhafte, humose Böden	Facettenreiche Gattung, als Bodendecker, zum Schnitt oder zur Gruppenpflanzung geeignet, berühmt für ihre charmanten, zierlichen Blütenrispen

Fortsetzung – Auswahl »schneckenresistenter« Pflanzen unterschiedliche ...

Sterndolde, *Astrantia major*	Halbschattig bis schattig, humoser, eher frischer Boden	Schöne Wildstaude mit dekorativem, glänzendem Laub und rosaweißer Blüte, schön am Teich- oder Gehölzrand, Höhe 80 cm
Bergenie, *Bergenia*	Sonnig bis schattig, trocken bis feucht	Gemütliche, sehr anpassungsfähige Staude mit immergrünem, rundlichem Laub, Höhe 30–50 cm
Spornblume, *Centranthus ruber*	Sonnig, trockene, eher nährstoffarme Böden	Unkomplizierte Bauern- und Steingartenstaude, die sich leicht aussamt, ca. 70 cm hoch, Blüte Juni bis September
Schlangenkopf, *Chelone obliqua*	Sonnig bis leicht schattig, sehr frische und feuchte Böden	Gemächliche, langsamwüchsige Gartenstaude für den Gehölzrand oder das Teichufer, sehr anspruchslos
Silberkerze, *Cimicifuga*	Leicht schattig bis schattig, feucht	Elegante Stauden für schattige Gartenbereiche, z. B. den Gehölzrand, nicht nur wegen des Blattschmucks, auch wegen der hohen Blütenkerzen etwas ganz Besonderes!
Gartennelke, *Dianthus*	Vollsonnig, eher trockene, normale Gartenböden	Anspruchslose, niedrig wachsende Polsterstauden, deren Farben von Weiß über Rosé bis zu Rot changieren, besonders schön: *Dianthus deltoides* (Heidenelke) und *Dianthus plumarius*
Purpurglöckchen, *Heuchera*, div. Sorten	Halbschattig, frische, leicht feuchte und tiefgründige Böden	Wirken durch Form und Farbe ihres Laubes, das bei manchen Sorten fast lilaschwarz werden kann, sehr schön zu Farnen und Ziergräsern, bis 80 cm hoch
Schwertlilie, *Iris*	Vollsonnig, trocken bis feucht	Unzählige Sorten und Kulturformen, die hinsichtlich der Farben, der Blütengrößen und der Anzahl der Blüten pro Stiel variieren
Gilbweiderich, *Lysimachia*	Sonnig bis leicht schattig, feuchte, nährstoffreiche Böden	Mögliche Arten: *L. ciliata* 'Firecracker' (gelb blühend), *L. clethroides* (weiße, gebogene Ähren), *L. punctata* (gelb, ideal als Unterpflanzung von Gehölzen)
Hohe Flammenblume, *Phlox paniculata*	Sonnig bis halbschattig, frische, tiefgründige Böden	Blüte von Juni bis September, höhere Arten über einen Meter hoch, schön als Rosenbegleiter oder zum Schnitt, auf Mehltaubefall achten!
Jakobsleiter, *Polemonium caeruleum*	Sonnig bis leicht schattig, humose, feuchte Böden	Dank ihres Wildstaudencharakters und ihrer Vorliebe für feuchte Böden ideal am Teichufer, Blüte Mai bis Juni, Höhe 50 cm
Steinbrech, *Saxifraga-arendsii*-Gruppe	Absonnig bis leicht schattig, nicht zu trockene Böden	Wintergrüne, vielgestaltige Pflanzengruppe mit einer Vorliebe für Steingärten, Blüte im Frühjahr, Höhe um die 15 cm
Fetthenne, *Sedum*	Sonnig, trocken	Vom Polster bildenden Mauerpfeffer *(S. acre)* über den Bodendecker *S. floriferum* 'Weihenstephaner Gold' bis hin zu der höheren *S. telephium* 'Herbstfreude': dankbare, sehr pflegeleichte Gartenpflanzen
Hauswurz, *Sempervivum*	Sonnig, trocken	Schier unüberschaubare Sortenvielfalt, die es alle nach dem Motto halten: je sonniger, desto besser

Bodendecker für sonnige bis leicht schattige Standorte

Name	Blütenfarbe und -zeit	Höhe	Bemerkung
Frauenmantel, *Alchemilla mollis*	Hellgelb, Juni bis Juli	30–50 cm	Bewährter, sehr robuster Gartenklassiker mit samtweichem Laub für frische, feuchte Böden, langlebige, robuste Pflanze
Katzenpfötchen, *Antennaria dioica*	Weiß, rosa oder rot, Mai bis Juni	10–20 cm	Liebliche Pflanze mit silbergrauem Blatt und zwergstrauchartigem Wuchs, auch für Steingärten oder Einfassungen
Kissenaster, *Aster dumosus*	Div. Sorten und Farben, Herbst	20–40 cm	Können trocken wie feucht stehen, breiten sich über Kriechtriebe rasch aus, schöne Farbeffekte im Herbstgarten
Herzblattaster, *Aster macrophyllus* 'Albus'	Weiß, August bis Oktober	100 cm	Verträgt viel Trockenheit, wirkt besonders schön in lichtschattigen Gehölzpartien, sehr wüchsig
Zwergastilbe, *Astilbe chinensis* var. *pumila*	Violettrosa, August bis Oktober	20 cm	Zwergformen der Prachtspiere mit luftigen Blütenähren für nahrhafte, nicht zu trockene Böden
Dalmatiner-Polsterglockenblume, *Campanula portenschlagiana*	Div. Sorten, blau oder weiß, Sommer	15 cm	Trockene, gut durchlässige und eher magere Böden, auch Steingärten oder Mauerkronen, sehr schön auch zu Rosen
Bleiwurz, *Ceratostigma plumbaginoides*	Azurblau, August bis Oktober	25 cm	Für durchlässige, eher nährstoffarme Böden, auch vor Gehölzen oder am Fuße von Mauern, im Herbst Laub blutrot
Silberwurz, *Dryas × suendermannii*	Cremefarben, Mai bis Juni	10 cm	Anemonenartige, elfenbeinweiße Blüten und lustige Samenstände, die an Federn erinnern, für kalkhaltige, durchlässige, nicht zu trockene Böden
Storchschnabel, *Geranium*	Div. Sorten und Farben, Sommer	15–50 cm	Zahlreiche sehr schöne, flächendeckende Variationen für diverse sonnige bis halbschattige, aber auch schattige Bereiche, ein echtes Multitalent!
Polsterphlox, *Phlox douglasii* und *P. subulata*	Div. Sorten und Farben, ab April	5–20 cm	Für durchlässige, kies- oder schotterreiche, kalkhaltige Böden, z. B. Steingarten, Staunässe vermeiden
Wollziest, *Stachys byzantina*	Lilarosa, Juni bis Juli	30 cm	Sein pelzig-flaumiges Laub lädt zum Streicheln ein, magere Böden, Staunässe vermeiden
Thymian, *Thymus*	Div. Arten, Sorten und Farben, ab Mai	2–20 cm	Altbekanntes Gewürz für einen warmen Standort und nährstoffarme Böden (Steingarten, Kräutergarten), auch als Rasenersatz verwendbar, Schmetterlingsweide
Ehrenpreis, *Veronica prostrata*	Enzianblau, Mai bis Juni	10 cm	Kriechender, flacher Wuchs und aufsteigende, üppige Blütentrauben, für durchlässige und kalkhaltige Böden

Bodendecker für schattige Standorte

Name	Blütenfarbe und -zeit	Höhe	Standort
Elfenblume, *Epimedium*	Div. Arten und Farben, Frühling	15–30 cm	Wertvoller Bodendecker für sonnige bis schattige Lagen, auch vor Gehölzen, hübsche Frühjahrsblüte, schöne Herbstfärbung
Gedenkemein, *Omphalodes verna*	Himmelblau, April bis Mai	10 cm	Mäßig schnellwüchsiger Frühjahrsblüher mit leuchtend blauen Blüten, die an Vergissmeinnicht erinnern, für humose, kalkhaltige und feuchte Böden
Ysander, *Pachysandra terminalis*	Weiß, April bis Mai	30 cm	Wenig auffällige Blüte, dafür umso schönerer, immergrüner Blattschmuck, Flachwurzler, ideal für humose Böden
Kaukasusbeinwell, *Symphytum grandiflorum*	Rahmgelb, April bis Mai	25 cm	Verträgt Wurzeldruck und Trockenheit, bei ausreichender Feuchtigkeit auch Pflanzung in Sonne möglich
Schaumblüte, *Tiarella cordifolia*	Weiß, April bis Mai	20 cm	Malerische Pflanze für tiefgründige, humusreiche Böden, z. B. am Gehölzrand oder zu Rhododendren
Immergrün, *Vinca minor*	Blau, April bis Mai	10–25 cm	Immergrünes, sehr robustes Laubgehölz für Unterpflanzung oder Gehölzrand, auch zwischen Farnen, für lockere, humose und eher feuchte Böden
Golderdbeere, *Waldsteinia geoides*, *W. ternata*	Gelb, April bis Mai	10–25 cm	Bei guten Böden wintergrün, am besten im lichten Schatten größerer Gehölze auf frischen, nicht allzu trockenen Böden

Geeignete Beerensträucher für den Hausgarten

Name	Ernte	Früchte	Bemerkung
Rote Johannisbeeren			
'Detvan'	Anfang Juli	Große, aromatische, süßsäuerliche Früchte	Unempfindliche, kräftige Pflanze, reich tragend, gut pflückbar
'Jonkheer van Tets'	Ende Juni	Dunkelrot, saftig, mit gutem, leicht säuerlichem Aroma	Starker, dichter Wuchs und sehr früh blühend, daher etwas spätfrostgefährdet, gut zur Heckenerziehung geeignet
'Rolan'	Mitte Juli	Große, säuerlich schmeckende, aromatische Früchte	Robust und sehr ertragreich, lange Traube
'Rovada'	Ende Juli bis Mitte August	Aromatische, säuerlich schmeckende Beeren	Sehr robuste Pflanze mit hohen Erträgen, Träubchen können bis zu 20 cm lang werden!
'Telake' (S)	Juni	Saftig aromatische Beeren	Sehr krankheitstolerant und ertragssicher
Weiße Johannisbeeren			
'Blanka'	Ende Juli	Süß mit kräftiger Säure	Sehr gesunde, wüchsige Sorte
'Primus'	Mitte Juni	Feines Aroma, milder Geschmack	Langtraubige, große Beeren für Frischverzehr und Verarbeitung

Fortsetzung – Geeignete Beerensträucher für den Hausgarten

Schwarze Johannisbeeren			
'Bona' (S)	Ende Juni	Mild-fruchtiger Geschmack/Cassis-Aroma	Mehltautolerante Sorte, für Frischverzehr und Verarbeitung geeignet
'Titania' (S)	Mitte Juli	Süßsäuerlich, große Beeren	Robust gegen Mehltau, Milben, Blattfallkrankheit und Rost, sehr ertragssicher
'Ometa' (S)	Mitte Juli	Aromatisch, süßsäuerlich	Nicht so robust wie 'Titania', aber süßer im Geschmack
Stachelbeeren			
'Captivator'	Mitte Juli	Süßsäuerliche, mittelgroße, aromatische Früchte	Nahezu stachellose Sorte, Früchte für Frischverzehr, Backen oder Einmachen
'Invicta'®	Anfang bis Mitte Juli	Hellgrüne, große Früchte, süßsäuerlich	Widerstandsfähige Sorte, Früchte für Frischverzehr und Tiefkühlung
'Redeva' (S)	Mitte bis Ende Juli	Purpurrote, aromatische, süße Früchte	Wenig Stacheln, starker Wuchs und Ertrag
'Remarka'	Anfang bis Mitte Juli	Weinrote, vollsaftige Früchte	Großfruchtige und sehr gesunde Sorte
Jostabeeren			
'Jogranda', 'Jonova' und 'Jostine' (S)	Anfang Juli	Hocharomatische Früchte	Sehr wüchsig, für Heckenpflanzung geeignet ('Jogranda' etwas schwächer wachsend)
Brombeeren			
'Loch Ness' (S) ('Nessy'®)	Mitte Juli bis September	Große bis sehr große Früchte mit gutem Aroma	Dornenlos, Standard wegen des guten Geschmacks und Ertrags, gut geeignet für Fächererziehung
'Navaho' (S)	Anfang August bis Ende September	Feste Früchte mit angenehmem Geschmack	Kompakt und aufrecht wachsende Sorte mit kürzeren Ranken, dornenlos, robust und winterfest
Himbeeren			
'Autumn Bliss'	Herbsttragend	Sehr aromatisch und geschmackvoll	Ertragreiche Sorte, die bis zum ersten Frost Früchte trägt
'Golden Bliss'	Herbsttragend	Sehr aromatisch und geschmackvoll	Gut geeignet für die Kübelkultur, gelbfruchtige Schwester von 'Autumn Bliss'
'Himbo-Top' (S)	Herbsttragend	Große, glänzende Früchte mit intensivem Aroma und hohem Zuckergehalt	Robuste, starkwüchsige Neuzüchtung mit hohen Erträgen, nicht für Höhenlagen geeignet
'Meeker'	Sommertragend	Süß-aromatisch, mittelgroße Früchte	Sehr ertrags- und wuchsstark
'Polka' (S)	Herbsttragend	Große, kegelförmige, süße Früchte	Sehr robust und ertragreich, mäßig stark, aufrecht wachsender Busch
'Rubaca'	Sommertragend	Mittelgroße, leuchtend rote, aromatische Früchte	Robust gegen Wurzelkrankheit Phytophthora
'Schönemann'	Sommertragend	Mittelgroße, dunkelrote, süße Früchte	Hoher Ertrag und lange Erntedauer, aber Probleme mit Wurzelkrankheiten möglich

Fortsetzung – Geeignete Beerensträucher für den Hausgarten

Erdbeeren			
'Honeoye'	Früh	Dunkelrot, sehr aromatisch und leicht pflückbar	Erdbeeren werden im August in Reihen mit 25–35 cm Abstand gepflanzt; Reihenabstand 60–90 cm. Vor dem Setzen sollten die Pflanzen mit dem Erdballen eine halbe Stunde ins Wasser gestellt werden. Nur auf Flächen pflanzen, auf denen mindestens drei Jahre keine Erdbeeren standen. Zwei- bis maximal dreijähriger Bestand.
'Elvira', 'Polka' (S), 'Tenira', 'Korona'	Mittel	Großfruchtig, aromatisch und würzig	
'Selva', 'Mara des Bois' (S)	Mehrmals tragend	Große, aromatische Früchte	

Geeignete Obstsorten für den Hausgarten

Sorte	Beschreibung
Äpfel	
'Ariwa' (S)	Pflückreif ab Ende September/Anfang Oktober, haltbar bis März/April, mittelgroße Frucht, gut gefärbt, saftig, süßsäuerlich, kaum Mehltau, Winter- bzw. Lagersorte, genussreif nach kurzer Lagerung
'Florina'	Reife Anfang Oktober, saftig, süß mit wenig Säure, starker Wuchs, somit auch für Halb- und Hochstamm geeignet, Mehltau möglich, Winter- bzw. Lagersorte, genussreif nach kurzer Lagerung
'Gerlinde' (S)	Kleiner bis mittelgroßer Herbstapfel mit roten Backen bzw. roten Streifen und regelmäßig hohen Erträgen ab Ende August, guter Geschmack, knackig, süß mit feiner Säure, gut lagerfähig, auch für Sofortverzehr
'Pilot' (S)	Reife Ende September, mittelgroß, fein aromatisch, gut und lange lagerfähig, genussreif ab Dezember
'Rebella' (S)	Sichere Sorte ab Mitte September, rotbackig, süß mit leichter Säure, frühe, hohe, regelmäßige Erträge, kaum Mehltau, kaum Spinnmilben
'Rubinola' (S)	Tschechische Sorte mit Reifezeit ab Mitte September, süß mit feinem Aroma, leichte Säure
'Santana' (S)	Reifezeit Anfang/Mitte September, würzig, süßsäuerlich, saftig, für bessere Lagerfähigkeit nicht zu spät ernten, in Holland für Allergiker empfohlen, gut lagerfähig, für Sofortverzehr geeignet
'Topaz' (S)	Pflückreif Anfang Oktober, geschmacklich beste schorfresistente Sorte auf 'Elstar'-Niveau, süß mit Säure und guter Würze, sehr saftig, lagerfähig bis März/April, genussreif nach kurzer Lagerung
Ballerina 'Arbat' (S) und 'Red River'	Säulenapfelbäume, die kaum Seitentriebe bilden und daher nicht geschnitten werden müssen, als Raumteiler, Hecke, auch im Kübel, Doppelnutzen: Zier- und Nutzwert, schorfresistent
Birnen	
'Williams Christ'	Bekannte Frühsorte, Reifezeit Mitte bis Ende August, vielseitig verwendbarer Klassiker (auch für Schnaps), nur kurz lagerfähig

Fortsetzung – Geeignete Obstsorten für den Hausgarten

'Harrow Sweet' (S)	'Williams Christ'-ähnliche Herbstsorte, die etwa zehn Tage später reift (Anfang September), resistent gegen Feuerbrand
'Condo' (S)	Guter Geschmack, ertragreich
'Uta' (S)	Reifezeit Ende September/Anfang Oktober; zimtfarben, berostet, süß, feiner Geschmack, schwacher Wuchs
Süßkirschen	
'Burlat', 'Celeste' (S), 'Johanna'	Frühsorten, die in der Regel madenfrei bleiben
'Kordia'	Nicht in Frühlagen, da frostempfindlich, mittelspäte Sorte mit guter Qualität
'Regina'	Beste Spätsorte bezüglich Baumaufbau, Ertrag, Fruchtgröße und Geschmack
Sauerkirschen	
'Morina' (S)	Robust mit sehr guten Fruchtqualitäten, süßsauer, bildet schöne Spindelbäume
'Safir' (S)	Reife vor 'Schattenmorelle', guter Träger, bildet schöne Spindelbäume
Zwetschgen	
'Katinka' (S)	Kleinere Frucht, jedoch qualitativ beste Frühsorte ab Mitte Juli, frühe, hohe Erträge, für Frischverzehr als auch zum Backen
'Hanita' (S)	Mitte/Ende August. Sehr guter Geschmack, Ertrag und Größe, allerdings steiler, sparriger Wuchs, Schnittmaßnahmen erforderlich, für Frischverzehr als auch zum Backen
'Topfive' (S)	Mitte August, Ertrag gut, Früchte mittel bis groß, rundlich, geschmackvoll, für Frischverzehr als auch zum Backen
'Cacaks Fruchtbare'	Ende August/Anfang September, Ertrag (sehr) hoch, regelmäßig, für Frischverzehr als auch zum Backen geeignet
'Toptaste' (S)	Ende August/Anfang September, süß, aromatisch, hervorragender Geschmack, für Frischverzehr als auch zum Backen
Mirabellen	
'Mirabelle von Nancy'	Bekannter Klassiker mit kirschgroßen, gelben Früchten, die bei Vollreife rötliche Punkte bekommen, typischer, ausgeprägter Geschmack
'Bellamira' (S)	Großfruchtig, festes Fleisch mit hohen Zuckergehalten, Ertrag früh, hoch, langer Erntezeitraum von Ende August bis Mitte/Ende September
Renekloden	
'Große Grüne Reneklode'	Sehr süß
'Graf Althans'	Violettfarbig, geschmacklich würziger als die 'Große Grüne Reneklode'
Aprikosen	
'Goldrich' und 'Hargrand'	Gute Größe und Geschmack, frühe, hohe, regelmäßige Erträge mit großen, kräftig gefärbten, saftigen Früchten

Danksagung

Allen, die direkt oder indirekt an der Entstehung dieses Buchs beteiligt waren, gilt mein größter Dank. Hierzu gehören insbesondere:

Stefan Auer vom Ingenieurbüro für Garten- und Landschaftsarchitektur GreenConcepts in Stockach für praktische Tipps, aber vor allem für die Bereitstellung der Pläne sowie der Fotografien von den einzelnen praktischen Gartengestaltungsbeispielen,
Dr. Uwe Messer von der Zeitschrift »Freude am Garten« für allgemeine Fachinformationen sowie die Bereitstellung von Bildmaterial,
Cassian Schmidt vom Schau- und Sichtungsgarten Hermannshof in Weinheim für Information und Bilder von gemischten Staudenpflanzungen,
Céline Baumgartner vom Campus Grüental in Wädenswil ebenfalls für Informationen und Bilder von gemischten Staudenpflanzungen, in erster Linie »Pink Paradise«,
Heinz Gutjahr von der VIVA-Gartenbau AG in Binningen (CH) für Zusatzinformationen zum Thema Gartenteich,
Werner Schmidt von der Firma Weidenprofi in Augsburg für Informationen über Weidensichtschutze,
Martin Dix von der Firma Elephant Bambusprodukte GmbH für selbiges zum Thema Bambussichtschutz,
Christine Scherer von der Bayerischen Gartenakademie an der Bayerischen Landesanstalt für Weinbau und Gartenbau in Veitshöchheim für Empfehlungen zu Obstsorten im Hausgarten,
Dr. Klaus Mueller-Beck von der Deutschen Rasengesellschaft e. V. für Tipps und Hinweise zum Thema Grünflächen im Garten,
Gertrud Schoop von HÄBERLI Fruchtpflanzen AG in Neukirch-Egnach (CH) für Detailinformationen zu Beerenobst im Hausgarten,
der Insel Mainau GmbH für die Möglichkeit zum Fotografieren
sowie den Testlesern Bruno Rodi, Dirk Fritzsche und vor allem Andrea Supper sowie Alfred Weindl für Kritik, Input und Unterstützung.

Alle Entwürfe sowie die Bildmaterialien der »Gartengestaltung in der Praxis«-Kapitel wurden von GreenConcepts, Garten- und Landschaftsarchitektur, Dipl.-Ing. Stefan Auer, Stockach, zur Verfügung gestellt. www.greenconcepts.de

Grundlage für die Zusammenstellung der geeigneten Obst- und Beerenobstsorten sind Sortenempfehlungen der Bayerischen Gartenakademie an der Bayerischen Landesanstalt für Weinbau und Gartenbau in Veitshöchheim (www.lwg.de) sowie des Inforama Oeschberg, Koppingen (CH) (www.inforama.ch).

Die Informationen zu Pflanzenmerkmalen sowie Standort wurden der Plantus-Pflanzendatenbank (Freilandpflanzen Mitteleuropas) V3 entnommen. Die lateinischen Pflanzenbezeichnungen richten sich nach Zander, Handwörterbuch der Pflanzennamen, 17. Auflage (2002).

Bildnachweis

Christine Bauer Photography: Seite 22, 86/87, 103, 154, 157, 160
GreenConcepts Dipl.-Ing. Stefan Auer: Seite 30, 31, 32, 33, 48, 49, 50, 51, 84, 85, 94, 95
Dr. Uwe J. Messer: Seite 42 oben, 69, 104 unten, 105 unten, 112, 116
Edition Phönix (Jutta Schneider, Michael Will): Seite 44, 46 oben, 75, 88, 97, 113
ZHAW Zürcher Hochschule für Angewandte Wissenschaften: Seite 68, 72
Cassian Schmidt: Seite 70, 71, 152/153
Martin Stiefenhofer: Seite 123, 156

Alle anderen Fotos: Judith Supper